今日のことば101

人の悩みのほとんどは「人」

大阪 専念寺
ネコ坊主の掲示板

一日一文一読。

私は23歳のときに住職を拝命させていただきました。そのころは恥ずかしながら、本当に字が汚かったのです。僧侶ですから、位牌や塔婆など、毛筆で字を書かなければいけない場面が多い。そこで同じ宗派の住職さんの元へ、字を習いに行かせていただくことにしました。

その先生に「文字は、とにかく毎日書くことで上達する。お寺に掲示板があるのなら、そこに書を貼り出しなさい」と言われました。当時、私の寺院には掲示板がありませんでしたが、先生の言葉に従って設置することに。お寺に関連することで、初めて自分が企画して、かつ実現したことだったので嬉しかったのですが、加えて「これを何かに活用できないかな」と考えていました。時を経てＳＮＳが普及し始めたころ、その書の投稿を始めたのです。当初は、檀家さんや知り合いに向けた、「内向き」の発信をしていましたが、「ＳＮＳはもっと外に向けて発信したほうがいいのでは」と気づきました。

いろんなお寺さんのＳＮＳを参考にしたところ、綺麗な写真に毛筆の書を添えて、日記のような形で発信しているものがあり、これはいいなと思いました。

また、私の寺院には「猫蔵」と呼ばれるものがあります。仏教が日本に渡来した際、ネズミから経典を守るために猫が一緒に輸入されてきたと言われていて、猫蔵はそんな謂れから猫を祀るために造られたものです。

大阪市は外猫がとても増えやすい環境なんです。冬でも雪はめったに降らないし、人口が多く食料も多いので、生きやすく、数が増えやすい。うちの地域でも、猫の交通事故や、〝猫害〟もすごく多かった。私の寺院でも柱を引っ掻かれたり、お供え物を食べられたり、糞害もあったり。猫蔵はあるけれど、昔は猫のことを「困った子だなぁ」と思っていたほどでした。

ですが、私が32歳で結婚した妻は、小さいころから猫を飼っていたため〝猫がいる生活〟が当たり前でした。当時、私が本山に泊まりがけで行くことも多かったことから、妻を1人でお寺に残すのもな、という思いがきっかけで猫を飼おうという話に。里親を探しているサイトを見たところ、生まれて10か月の猫がいて、申し込んだタイミングもちょうどよく、迎え入れることになりました。

飼い始めたところ、猫の可愛さや賢さに初めて気づきました。それまで猫にいいイメージはなかったけれど、見る目が変わったのです。そのうちに、街中で「さくら猫」という保護猫活動のポスターが目に留まりました。このとき、外猫を保護して去勢手術を施す活動が行われていることを知ったのです。

興味を持ちましたが、お寺で猫を保護することは難しい。いろんな人が毎日出入りするし、その中には猫が苦手な方やアレルギーの方もいます。無責任なことはできない中、自分にできることは何かと考えた際、さくら猫の存在もSNSで同じように知ってもらえればいいのかと考えたのです。お寺のことを知ってもらいつつ、保護猫活動についてもある種の〝広告塔〟のようなことができたらな、と。そこで、猫の写真を撮影し、ことばの書を添えるという投稿の形になりました。

そんな背景から〝ネコ坊主〟を名乗って活動しています。ありがたいことにSNSで次第に大きな反響をいただけるようになりました。ただ、猫が苦手な人も多いですよね。こちらの本では、猫ではなく〝ことば〟に、よりフォーカスしています。私が書に込めたメッセージをお伝えしていけたらと思います。

そして、ＳＮＳでとくに反響が大きいのが人付き合いに関することばです。私に寄せられるお悩みやご相談の多くも、やはり人付き合いに関してのもの。人間の悩みのほとんどは「人間」についてなんです。みんなが同じように「人付き合い」に悩んでいる、あなたが苦手としている人も悩んでいる、そう思えば、気持ちが少しラクになりませんか。

１日の始まりの朝や、夜に寝る前に、本を手に取り、適当に開いていただいて、一文だけ読んでくだされば結構です。そのことばを心に留めて過ごすことで、日々生きるのが少しでも楽な気持ちになっていただけたら、住職の私としては幸いです。

この本に「目次」はありません。
自分が好きなときに、好きなページを開いて読んでください。
もし気持ちにそった「ことば」を探しているなら、
状況別に分類している左のページを参考にしてください。

忙しくなってくると、周りに気を遣うのが難しくなることがあります。

そんなとき、他人に対しては、けっこう〝いい顔〟ができると思うんです。ところが、大事な人ほど、ついつい言葉を選ばず何かを言ってしまったりする。甘えて、当たってしまうんですね。

だから、些細なことで他人を許せなくなったり、イライラし始めたりしたら、自分の大事な人に当たる可能性も出てくる。これは〝危険信号〟だと思ったほうがいい。

〝怒り〟は仏教では、私たちの身や心を汚す「三毒」の中の1つであり、お釈迦さまは「怒りを鎮(しず)められる人間こそが善人である」と考え、「いかにして怒らないか、どうやって怒りをコントロールできるかが、人生のすべてだ」と説いているほどです。

自分の心を毒に侵させず、大切な人との関係性を保つために、怒りのコントロールは、いちばん大事にするべきです。もし、怒った勢いでひどい言葉をぶつけてしまうと、相手はそのことを一生忘れませんよ。

物事が思い通りにならないときにイライラしがちですが、そういったときに覚える〝怒り〟こそ、しっかりコントロールしなければいけないのです。

怒りの理由をみつめ直しましょう。

感情のバランスや判断基準がおかしくなっている〝危険信号〟かもしれないと、常に心に留めておくことが大切です。

ささいなことで他人を
許せなくなってきたら
危険信号

ネコ坊主かく

専念寺印

さくらネコ

人は「自分が経験したことがないこと」を拒絶しがちです。

経験したことがないこと、つまり「自分が把握できないこと」が、怖くてなかなか受け入れられない。そういった思いが根底にあるから、いざ遭遇したときに否定から入るようになってしまいます。

でも、「自分の経験の外にあるもの」をすぐに否定してしまうようでは、なかなか自身の成長には繋がらない。そんな状態では、なおさら若い人を育てるなんてことは無理でしょう。成長する人は「自分ができないこと」も理解しようとします。この〝理解するための努力〟が大事です。

会社で考えてみましょう。ベテランの上司と若い新入社員がいます。2人には年齢の差によるギャップがどうしてもある。上司が、自分の経験にないことを行った新入社員に対して「お前、そんなことしたらあかんやん」と自らの経験則のみを判断材料にして切り捨てると……。若い人材のヤル気を潰すことになり、その人は転職、退職を考え始めます。成長を志さない人だけが会社に残り、やがてその会社は廃れ……と、成長どころか真逆の道を辿りかねないのです。

もちろん、何でも受け入れたら大変でしょうが、〝理解を示す〟ことが大事。なぜ相手がそう言っているのかを、拒絶するのではなく、質問などして耳を傾け、お互いに歩み寄ることによって、成長していけるのではないかと思います。

成長がとまる人は
自分が把握できない
事に対して批判的な
態度をとりがちです。

ネコ坊主かく

専念寺印

さくらネコ

街や山中に、ゴミが集まり、積み重なっている場所って突然、現れます。初めに誰かがそこにゴミを捨て、そのゴミを見た人が捨てていい場所なんだと、またゴミを捨てていき……この繰り返しでゴミが増えていくのです。

周囲からのお願いを受け入れてしまう人にも、似たようなことが起きています。

私もかつては頼まれると、何でもハイハイと引き受けていました。思い返すと、住職という立場もあって、むげに断りにくかったという気持ちがあったのでしょう。

もちろんあなたが無理なく応えられるなら、引き受けていいんです。でも、安請け合いした結果、「忙しくてやっぱりできませんでした」となっては、相手にかえっ

他人の期待に応えすぎるから面倒な事を押し

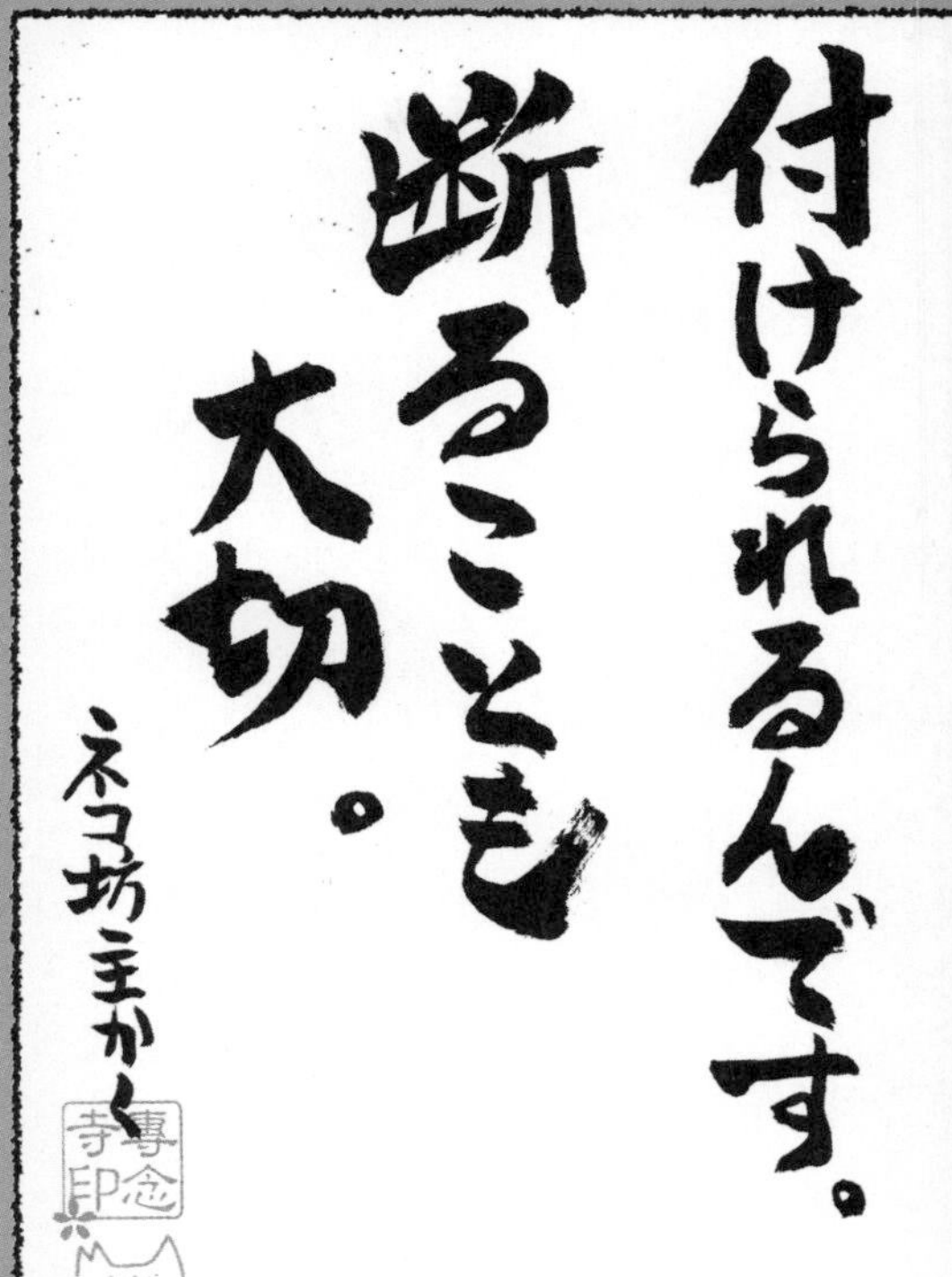
付けられるんです。
断ることも
大切。
ネコ坊主かく
専念寺印
さくらネコ

て迷惑をかけてしまうことになります。だったら、最初から断ったほうが、むしろいいわけです。

お願いしてきた相手も、どうしてもあなたに、と考えていないかもしれませんよ。なんとなく、あなたが引き受けてくれそうだからお願いしてみた、そんな考えぐらいだったりするものです。

断る一線を持つ。それが面倒やトラブルを避ける処世術でもあります。その結果、いい人に思われなくたって、いいじゃありませんか。

頼まれごとを途中で放り投げることになって周囲の信頼を失ったり、あなたの心身が疲れ切るよりは、その時、気まずくなるぐらいはどうってことありません。

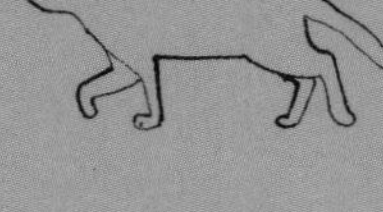

ごはんを食べる前に言う「いただきます」。習慣で何気なく口にしていますが、その意味はお米などの農産物、豚や牛などの畜産物への感謝の言葉。「いただきます」と、食物への感謝とともに箸をつけ、「ごちそうさま」と食物への感謝とともに箸を置きます。

人間の社会では同じような言葉に「お互いさま」があります。あなたも素晴らしい、私も素晴らしい。お互いを尊重、尊敬する言葉です。

「お互いさま」の気持ちで、ちょうどいい距離を保ちながら、いい関係でいれば、諍(いさか)いは起きないはずですが、いつもそうはいきません。

何かトラブルがあって、キツいことを言われた……そういったときも、傷ついた気持ちをグッと堪えて、「お互いさま」、そう思ってはいかがでしょうか。

今、あなたが傷ついたように、あなたも誰かを傷つけたことはあるはずです。そのことに気づけば、傷ついた気持ちも少し和らぎませんか。

そして、その傷もまた経験なのです。

〝経験〟は、望んだものが望んだ形で手に入ることによって得られるだけではありません。失敗もまた経験なのです。同じような失敗を繰り返さないためにも、経験から学び、今後に生かしていくことで、「お互いさま」の心も磨かれていきます。

生きていれば必ず人を
傷つけることもあるし、
自分が傷つくこともある。
だが、その傷から学ぶ
ことができるのだ。

ネコ坊主かく

専念寺印

さくらネコ

自分を雑に扱ってくる人、周りにいませんか？　言葉遣いや、態度、金銭面。雑な扱いはここかしこに出るものです。

その人は誰に対してもそうなのか、あなたに対してそうなのか。どちらにせよ、そんな性格、そういった関係性は変わりません。だから、変わってほしいなんて思わないことです。期待したところでムダ、相手にしないのが一番。その人とは、距離を置くよう努めましょう。

それに期待って、じつは自分の思いに過ぎません。相手が変わりたいと思わない限り、自分の思いを押しつけているに過ぎないのです。だから、期待することはやめたほうが賢明です。

では、あなたが「大切にするべき人」は、どんな人なのか。私は「その人と一緒にいるときの自分を、自分自身が好きでいられる人」だと思います。

一緒にいるけれど、そのことで自分が嫌な人間になってしまう人。それよりも、遠く離れていてたまにしか会えないけれど、話しているときの自分は好きだなと、自分が思える人を大事にするべきです。

あとは、自分を叱ってくれる人。やっぱり、嫌なことって人に言いにくいじゃないですか。私も後輩たちに好かれたくて飾りのいい言葉を言ったりしますけど、「これはダメだな」と思うときはしっかり言わなきゃいけない。そのとき嫌われたとしても、本当にその人のためと思うのであれば。

エゴを押しつけるような人は別として、わざわざ叱ってくれる人は、本当に思ってくれている人です。

これテストに出ます!!
大切にしてくれない人に
期待し続けることは
時間のムダです。

ネコ坊主かく

専念寺印

さくらネコ

自分が何かに悩んでいるとき、なぜ苦しいのかを考えると、〝比べているがために苦しい〟ことがあります。

たとえば子どもが1人いる状態では、ただかわいいと思えていた親が、子どもが2人3人に増えたときに子ども同士を比べてしまう。「なぜこの子は、あの子と違って」などと考えて苦しむ。これは自分の持っている物差しで相手を測ることが元凶になっています。

この〝物差し〟は、自分に向けるべき物差しであって、相手に向けるものではありません。過去の自分と今の自分を比べることは、反省や成長に繋がるでしょう。でも、他人を比較の対象にしてはいけません。

他人と比べて、幸不幸を考えるにしても、状況や環境など人それぞれで異なるわけですから、本来は比べようがないはずです。それを自分の持っている物差しで無理に測ろうとすれば、良い結果にはなりません。

あの人は幸せだとか不幸だとか、それは自分が決めつけることではない。もしそんな測り方をしてしまっているときは、一度、自分の握っているその物差しのあり方を見直す必要があります。

何が私を苦しめて
いるのか。
私が握りしめている
その物差しです。

ネコ坊主かく

専念寺印

さくらネコ

渡辺和子さんというシスターの方が、「置かれた場所で咲きなさい」という言葉を唱えています。私は、この言葉がとても好きです。ただ、正直に言うと「現代社会には合わないな」とも感じました。

私は紫陽花（あじさい）を育てています。けっこう強い花ですが、それでも、植える場所がどこでもいいわけではありません。環境が悪ければ枯れますし、そのまま放っておくと根も腐る。そんなとき、日の向きや日照時間などを考えて環境を変えると、花は生き返ります。

だから、「毎日がしんどい」と思っている人は、心が潰れる前に環境を変えたほうがいいんじゃないかなと。もちろん、人生には踏ん張って根を張らなきゃいけない時期だってあると思いますが。

50代の方から、「職場の人間関係がしんどくて、仕事を辞めたいと思っています。子育てはある程度は終わっていて、妻に相談したところ〝アルバイトで働けばいいじゃない〟と言ってくれたのですが、本当に会社を辞めてもいいものでしょうか」という相談を受けたことがあります。今までそれだけ一生懸命、グッと根を張ってお子さんを養い、そんな姿を側で見てきた奥さんも応援しているなら、環境を変えてもいいのではと思いました。

日向が得意な木もあれば、日陰が得意な木もある。時代の変化とともに、今まで自分は日向が合っていると思っていたけど、実は日陰向きだったということも起きてくると思います。そんなときは、自分の心の変化や直感を大事にしてあげてください。

置かれた場所で
咲けないなら
環境を変えなさい。
根っこが腐る前に。

ネコ坊主かく

専念寺印

さくらネコ

年配の方だと「私はもう1人だから、孤独死してしまうんじゃないか」。同じように、結婚されてない方、子どもがいらっしゃらない方も、〝孤独〟に対して恐怖を強く感じている人が結構いらっしゃいます。

しかし、仏教は自分と向き合うことを大事にするので、基本的に「悪い人間と付き合うぐらいなら、1人でいなさい」というスタンスです。孤独をマイナスと捉えるのではなく、「自分の時間が増えるんだ」と思うなら、決して怖くはないと理解できるのではないでしょうか。

家族がいても、自分で自分を律さなければならないという点では己との戦いですし、分かち合うことができない部分もあります。

自分と向き合いながらコントロールすることで、楽しいこと、やりたい趣味、やらなければならないことに時間を費やせるようになるのです。

人間は〝孤独〟がベースです。それを理解したら、家族がいることは、むしろちょっと特別なことです。もちろん家族は特別に幸せな存在ではあります。ただ、いないからといってその孤独はあくまで〝ニュートラル〟な状態。マイナスということではないのです。

孤独とは自分の
為に使える
時間が増える
ということです。

ネコ坊主かく

専念寺印

さくらネコ

以前、「9割の不安は、現実にならない」という言葉を目にしました。本当にそのとおりで、自分の過去を振り返ったときに〝自分の不安がどれだけ現実になっただろう〟と考えると、ほとんどは現実になってないんですよね。

要は、自分で〝こうなったらどうしよう〟と、ずっと思い続けているだけで、それが現実にならずに済んだら、あれほど頭を占めていた不安を、すぐに忘れてしまうわけです。

抱えている不安は、まさに今は心配かもしれないけど、過去の例を振り返ってみてください。結局のところ、ただの〝取り越し苦労〟だったことがほとんどです。最悪の事態を想定して不安になってしまうこと自体は、私たちが猿から人間になる過程でプログラミングされていることなので、これは仕方がないのです。

ただ、その不安を過度に怖がってしまうのは、現実と向き合えていないだけかもしれません。

1年前、1か月前の悩みでも、意外と思い出せないものです。そうやって今まで自分が抱えてきた不安と、現実の結果、その両方に落ち着いて向き合ってみることが、不安への対策だと思います。

今までの不安が
どれだけ現実に
なったか冷静に
考えてごらん。

ネコ坊主かく

専念寺印

さくらネコ

人生は今日だけを

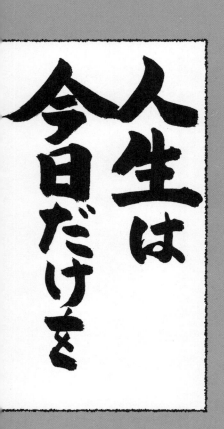

私は毎日、地域猫の写真を撮っているのですが、猫から色々なことを教わっています。炎天下や寒空の中で、自分で居場所を見つけながら、食事を確保して、そしていちばん安心できる場所で寝る。猫は常日頃から当たり前のようにやっています。というか、ほとんどの野生の生命体は、みんなそれをやっています。

そうじゃないのは、人間だけだと思うんです。「今日を生き抜く」以外のことを高い優先順位におき、他のミッションをいっぱい抱えているのって。

でも、究極的には一日を生き抜くことこそが生命体としての本来のミッション。ならばどんな状況でも、とりあえず、まず一日を無事に過ごせたなら、それはもうミッションクリアということでいいんじゃないでしょうか。

世の中には、引きこもりで不登

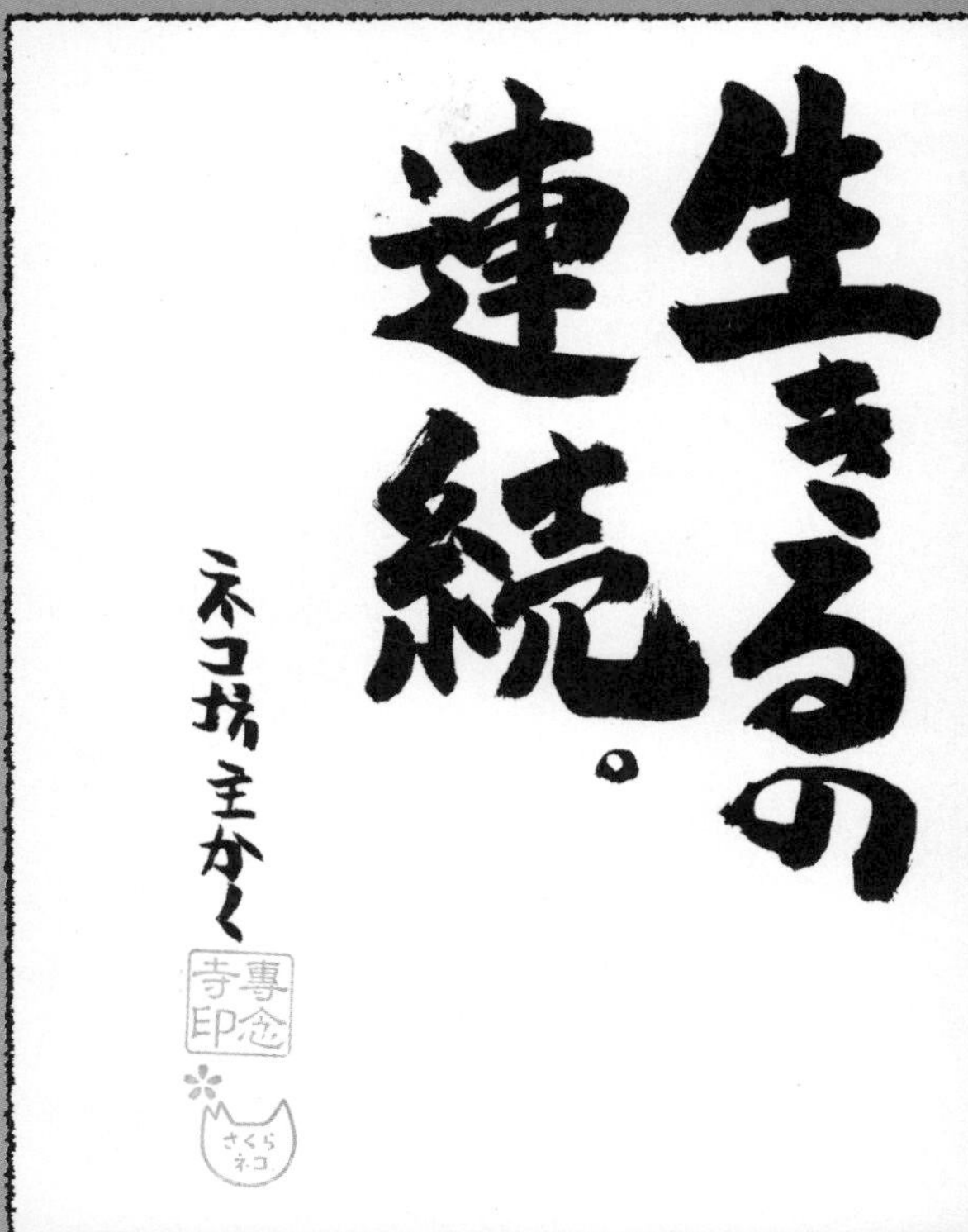

生きるの連続。
ネコ坊主かく
専念寺印
さくらネコ

校になっている子や、出社拒否になっている人も大勢います。でも、それでもいいんじゃないでしょうか。だって、学校や会社に行くことが人生のミッションではなくて、大事なのは今日を生き抜くことなのですから。

登校することや出社すること、生きること、どっちを大事にしますかって聞かれたら、生きることってみんな答えるはず。それができているのだから、もう褒めてあげましょうよ。

明日の心配をするよりも、今日を生きた自分を讃えましょう。

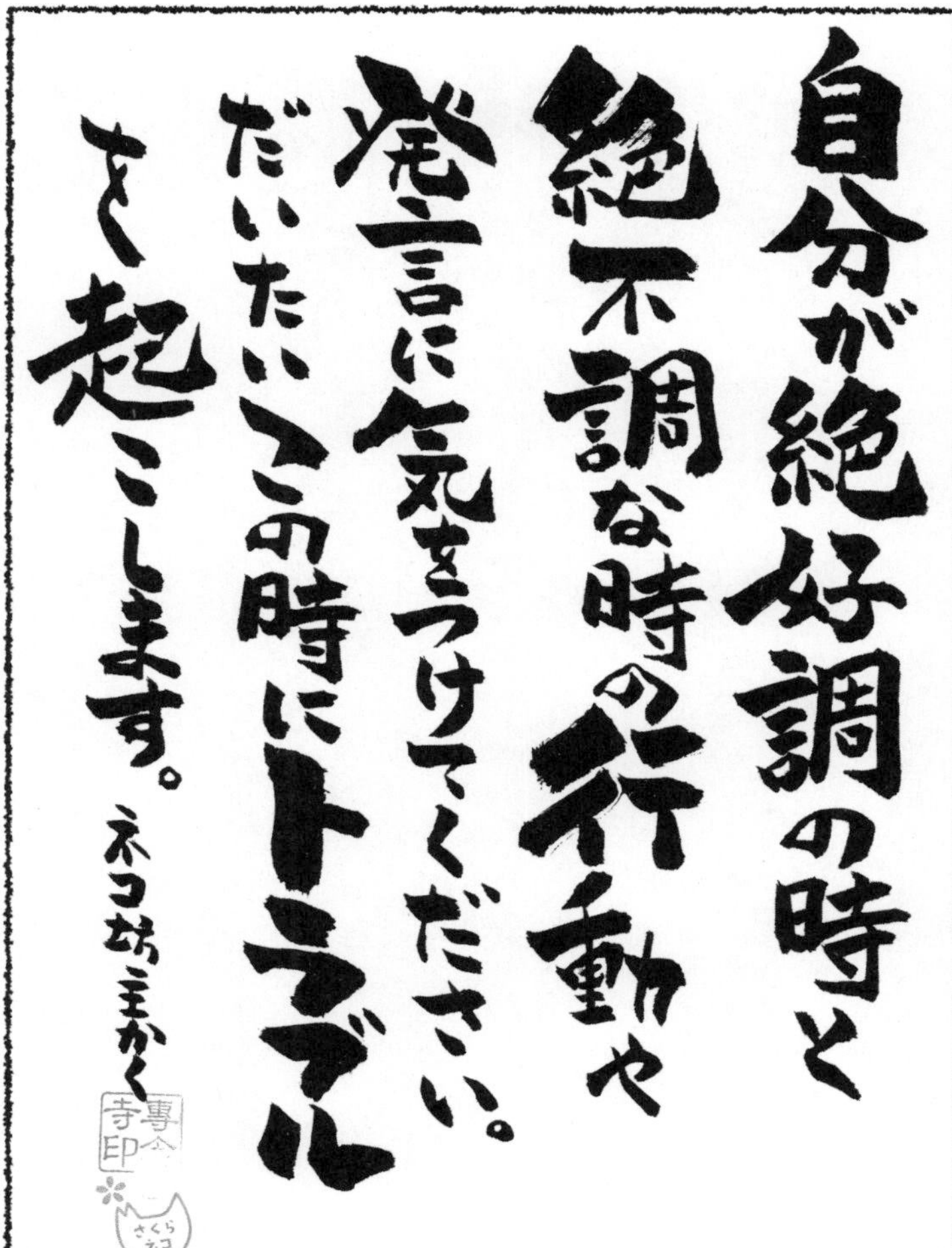

自分が絶好調の時と
絶不調な時の行動や
発言に気をつけてください。
だいたいこの時にトラブル
を起こします。
ネコ坊主かく
さくらネコ

調子に乗りすぎだったり、ネガティブになっていたり、いつもと違う状態なのだから、そんな自分を信用しないことです。

欲を持つから
苦しむのではなく、
その欲に支配されて
いるから
苦しみが生まれる。

ネコ坊主かく

専念寺印

さくらネコ

欲＝悪ではありません。欲望が適切にコントロールされないと、その苦しみを生む原因となります。

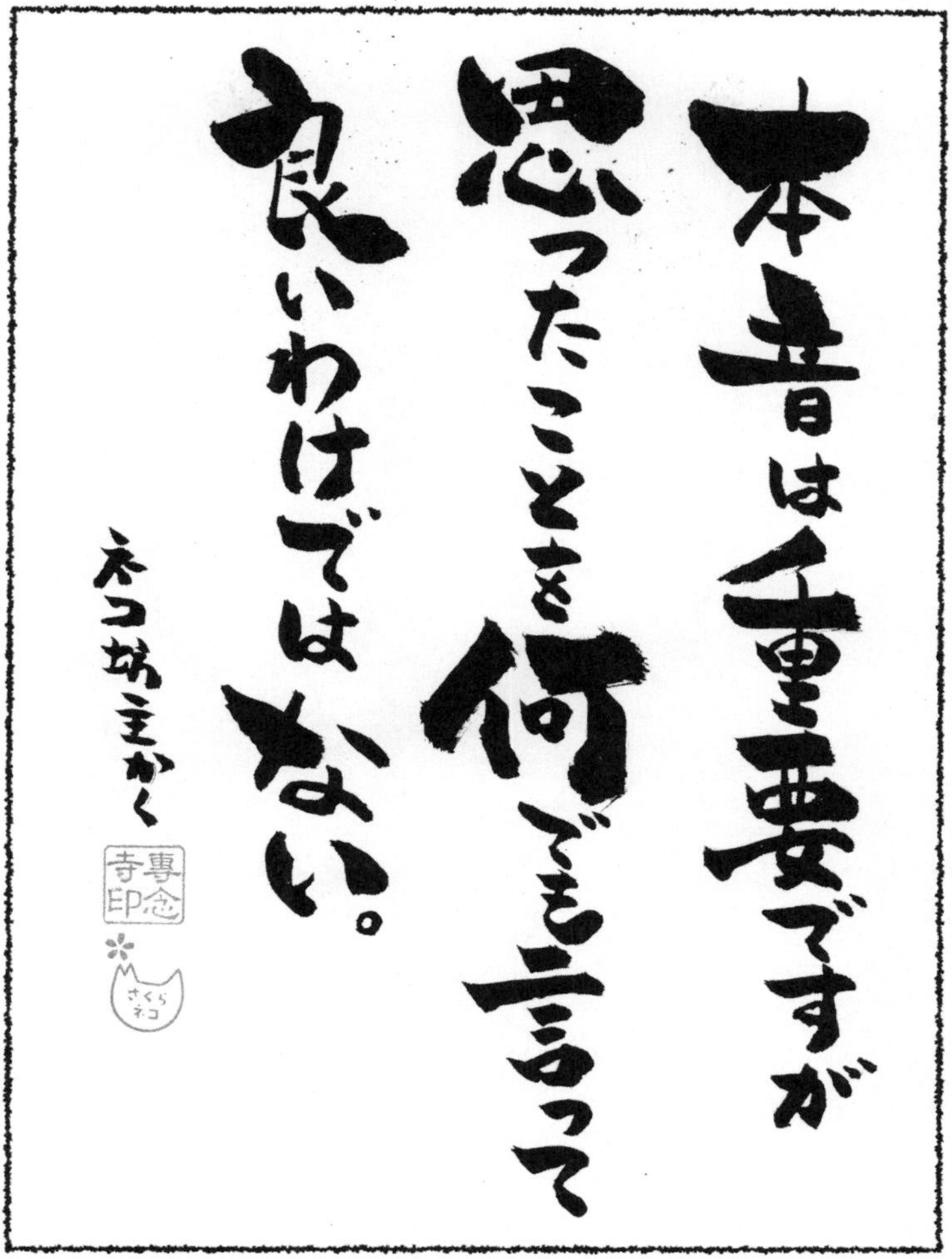
本音は重要ですが
思ったことを何でも言って
良いわけではない。
ネコ坊主かく
専念寺印
さくらネコ

その本音は相手の深いところを抉（えぐ）り、関係が終わるきっかけになるかもしれません。言わないことも思いやりです。

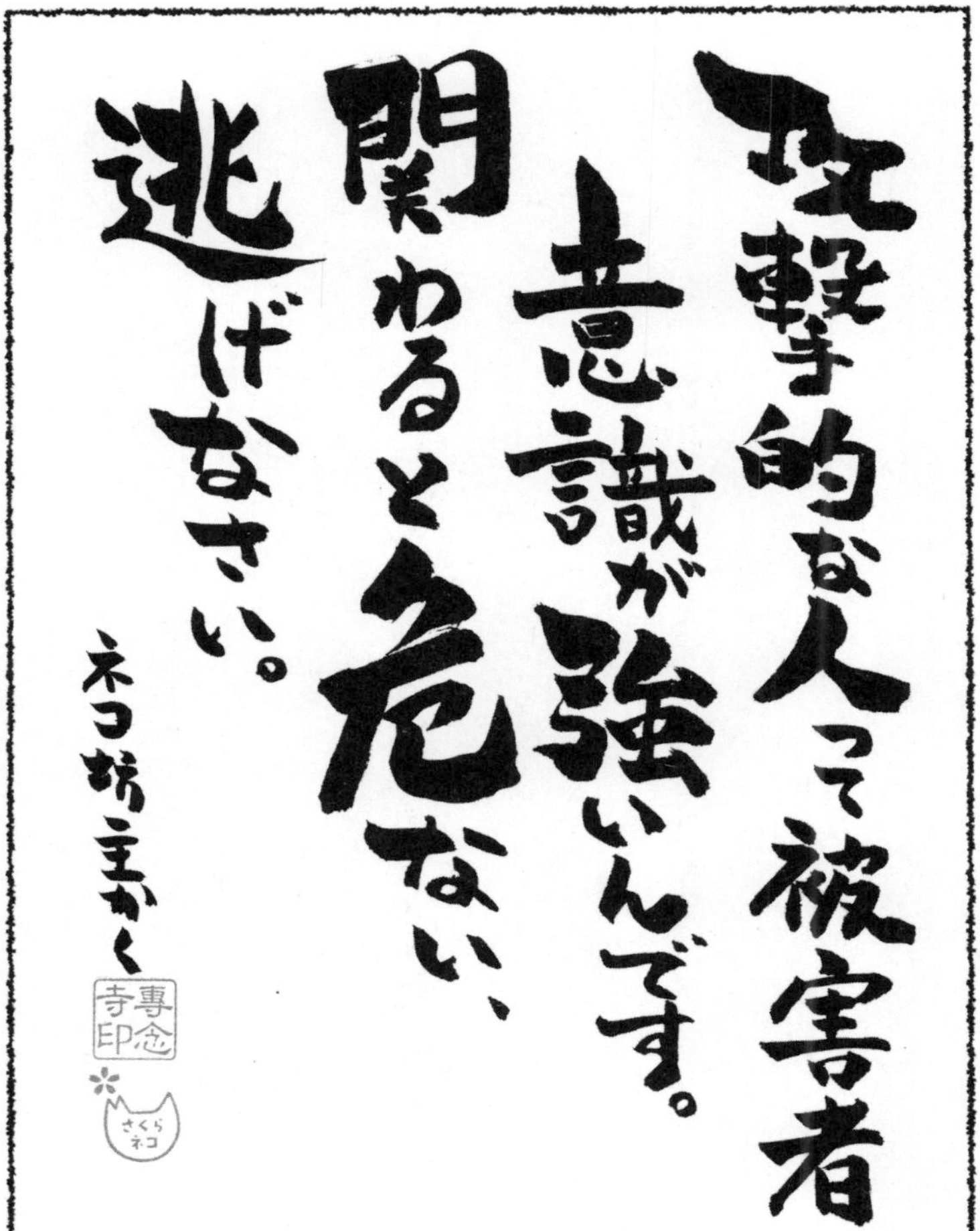

攻撃的な人って被害者
意識が強いんです。
関わると危ない、
逃げなさい。
ネコ坊主かく
専念寺印
さくらネコ

被害者意識を持つ人は、自己責任を認めず、他人や環境を責めて自分を守ります。巻き込まれたら消耗するだけ！

誰にでも幸福は
訪れています。
それを幸福と思うか
どうかなんですよ。

ネコ坊主かく

専念寺印

さくらネコ

みなさん、幸せの基準を上げすぎです。
生きていることが幸せ、そこから始めれば、より多くの幸せに気がつけるはず。

関わる相手を
選ぶことが
自分を守る。

ネコ坊主かく

専念寺印

さくらネコ

我慢したり無理したり、自分を犠牲にしてまで付き合う価値のある人間関係はそれほどありません。見直してみませんか。

どんだけあなたが頑張って
努力しても誰かの人生に
おいては
敵になることは避けられません。
それが人生の一部なんです。

ネコ坊主かく

専念寺印

さくらネコ

2:6:2の法則。合う人：どちらとも言えない人：合わない人。一定数は合わないと思えば、気持ちもラクになります。

お金で買えないものは
少ないが愛すべき人や
信用できる人は
買うことはできない。

ネコ坊主かく
専念寺印
さくらネコ

お金で買えるものは、皆が買えて取引できる。だけど、愛情や信用はあなたでないと成立しません。代替がきかないのです。

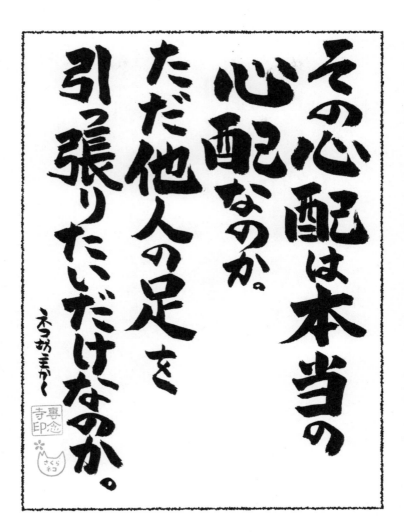

その心配は本当の
心配なのか。
ただ他人の足を
引っ張りたいだけなのか。

ネコ坊主かく

専念寺印

さくらネコ

「大丈夫?」という心配のひと言。自分が言う場合は、妬みが背景にないか省み、誰かに言われた場合は意図を見極めましょう。

いいことを言っている人が
良い人とは
限らない。

ネコ坊主かく

専念寺印

人を判断するには行動に着目して、発言とズレていないか確かめましょう。行動はウソをつきにくいですから。

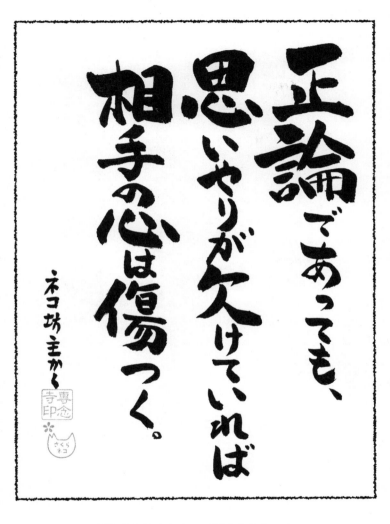

正論であっても、
思いやりが欠けていれば
相手の心は傷つく。

ネコ坊主かく

専念寺印

さくらネコ

正しさとは人によって異なります。人によっては刃にもなることを忘れずに。押しつけるのではなく、提案を。

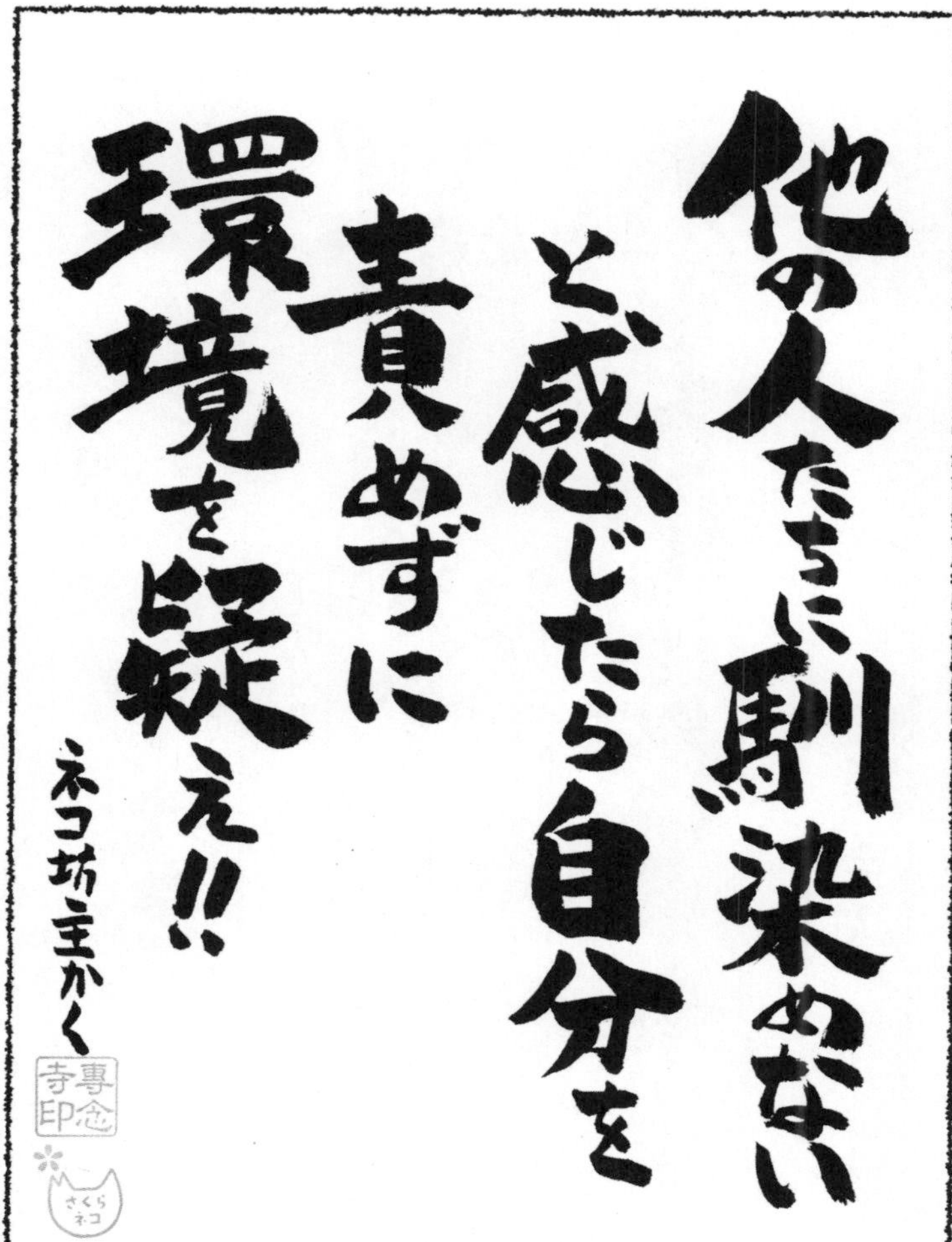
他の人たちに馴染めない
と感じたら自分を
責めずに
環境を疑え!!
ネコ坊主かく
専念寺印
さくらネコ

今いる場所だけが、あなたの世界では
ありません。自分らしくいられる場所は、
きっとあります。自分を否定しないこと!

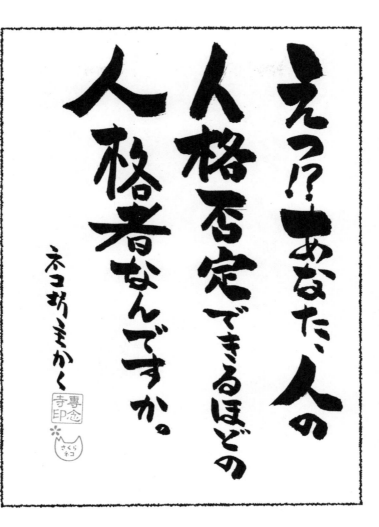

えっ!?あなた、人の
人格否定できるほどの
人格者なんですか。

ネコ坊主かく

専念寺印

さくらネコ

人格否定する人が、そもそも人格者なわけがありません。そんな人に何を言われたって気にしないことです。

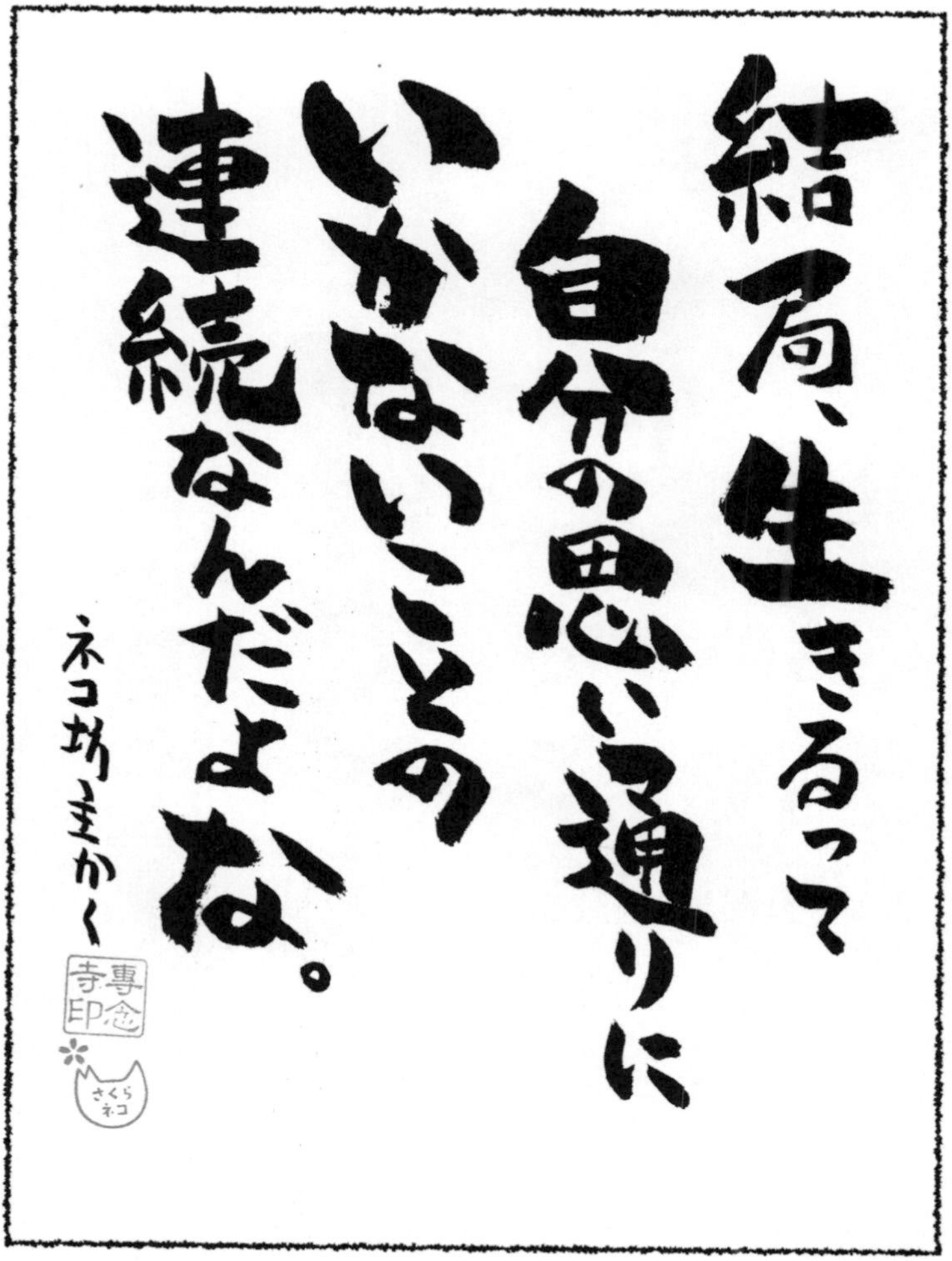

結局、生きるって
自分の思い通りに
いかないことの
連続なんだよな。
ネコ坊主かく
専念寺印
さくらネコ

人間関係や会社や友人……自分の思うようにならないからと腹を立てるのではなく、対応できる力をつけましょう。

人間は誰しも他人の
幸福を素直に喜べ
ない時がある。自分を
責めなくてもいいよ。

ネコ坊主かく

専念寺印

さくらネコ

自分がうまくいっていないと、そういう気持ちになることだってあります。自分を責めず、その人から少し離れましょう。

悪口を言う人は、悪意があるかないかに拘（かか）わらず、それが癖になっているのだと思います。だから、あなたに誰かの悪口を話すということは、おそらくほかの人にはあなたの悪口を話しています。「そういう人なんだ」と、普段から心に留めておくことが大事です。その悪口は聞き流しましょう。

たとえ自分について何か悪いことを陰で言われていたとしても、真正面から受けとめずに、受け流しましょう。そういった人に対しては、他の人もきっと同じような印象を抱いていますから。

「誰々にこんなことを言われてショックだった」とか、「信用していた人に悪口を言われていて傷ついた」といったお悩みの相談はけっこう多いのですが、実のところは信用というより、自分が相手に期待していただけのこと。「悪口を言う人なんだ」とわかったのなら、そんな癖がある人はもうしょうがない、と割り切って気にしないこともできるのではないでしょうか。

そう考えるほうが、自分自身を守ることもできるし、人と接するときも適度な距離を保てると思います。もし、相手が誰かの悪口を言いそうだなと思ったなら、逃げるなり回避するなりの対応をしたほうがいいと私は思います。

私に他人の悪口を
話す人は
私の悪口も
他人に話す人だ。

ネコ坊主かく

専念寺印

さくらネコ

まず考えていただきたいのは、相手の性格や行動などが何か変わりましたか、ということです。変わったのは、相手ではなくて、実はあなた自身ではないでしょうか。

不都合なことがあると、その原因を自分に求めず、他人に転嫁しがちです。自分に起きたことは事実として、どこまでも自分自身に引きつけて考えるべきで、外に原因を探してはいけません。

お釈迦さまは「迷いも悟りも心から現れる。全てのものは心によって作られる」という言葉を遺されています。嫌う気持ちは、自分の心が作り出した変化であって、相手の変化ではないのです。

こういう状態を仏教では「愚痴」と呼びます。現代では周囲の人にこぼす不平不満の意味で使われていますが、元々は仏教用語で、自己中心的な考え方で周りが見えていない状態を指します。人間の諸悪、苦しみの根源と考えられている三毒のひとつにもあげられています。

ただもちろん、お互いの環境の変化などで、仲が良かった友人とどうも気が合わなくなったということはありますよね。結婚や、子どもが生まれたなどのタイミングで起こりがちです。そういう時期はちょっと距離をとって、ゆるやかなお付き合いを続けましょう。

元々は仲が良かったのだから、縁を切るのはもったいないこと。考えが変わるときがくるかもしれません。大切なのは、友だち付き合いを長く続けていくことです。

仲の良い人が嫌な
人に変わった時は
自分へのシグナルです。

ネコ坊主かく

専念寺印

さくらネコ

私たちって、会社でも家庭でも、人の顔色を見ながら生きています。この言葉は、それを否定しているわけではありません。顔色を窺うのも大事ですし、それが悪いとは思いません。

でも必要以上に窺い続けたとしても、それで愛してもらえたり、大事にしてもらえたりするわけではないですよね。人に合わせることは大切だけど、自分の魅力を押し出すことも重要です。魅力さえ高まれば、人は絶対に寄ってきますから。

掲示板のことばをＳＮＳに毎日投稿していますが、人間関係について書いたことばに、多くの反応が寄せられます。結局、みんな人間関係に悩んでいます。

私が30代前半のころですが、どれだけ頑張っても檀家さんが離れていったり、先輩にすごく叱られたりして、やはり人間関係に悩んでいた時期がありました。結婚もしており、この先、お寺も守っていかなければならない。お堂の修理代も必要……。課題も山積みでした。

「どうすればいいんだろう」という気持ちでいっぱいでしたが、結局、悩んだところで何かが改善するわけでもない。小さな成功体験を積み重ねていくしかありませんでした。少しずつ、前の自分よりも好きな自分になっていくことで、不満を口にすることもなくなり、どうやったら前進できるかを考えるようにしました。そうしていると、人が自然に寄ってきてくれるようになったんです。

周りの顔色をひたすら窺い続けるよりも「自分が花になればいい」と、私は考えています。

他人の顔色ばかり
気にして生きていても
雑に扱われて後悔
しか残りませんよ。

ネコ坊主かく

専念寺印

さくらネコ

私には妻がいますが、〝昨日言っていたことと、今日言っていることが違う〟なんてことが、妻も私もお互いに結構あります。

お腹が減っていれば気分が変わるし、天候や体調によっても気持ちに浮き沈みがあります。だから、発言に矛盾が生まれることも、当然、あることです。

長期的な視点で見れば、5年前と、今言っていることで、全く変わってしまったことはあるのではないでしょうか。人間関係において、相手のそんな部分を非難し始めたら、キリがありません。だから、〝人の発言は矛盾する〟と、初めから思っておくこと。

これは自分に対しても、です。私という存在は、いろいろな〝私〟の集まりで、ときにコンプレックスなどに自我を乗っ取られたりして生きています。その時々でいろいろな〝私〟が表に出て裏に隠れてを繰り返しているので、矛盾は生じます。

子どもができたら、親としての自分になるわけで、今まで見えてなかった目線も生まれる。子どもがいないころの自分と意見も考えも変わってくるでしょう。

「人って行動も発言も矛盾だらけ」と、自分にも相手にもまず認識しておくことが肝要です。

人は矛盾だらけで
割り切れない生物なんです。
なんでも辻褄を合わせ
ようとするとトラブルの元。
受け流すのも大事。

ネコ坊主かく

専念寺印

さくらネコ

このことばを書いた日は、私の子どもの誕生日でした。だから、これはもともと自分の子どもに送ったメッセージ。

人は生きていれば必ず嫌なことがあって、「なんで自分はこんな環境に生まれたのだろう」と思うこともある。そんなとき、子どもにはこのことばを振り返ってほしいと思ったんです。あなたが生まれたときは、いろんな人が抱いてくれて、たくさんの人が笑顔になっていたんだよと。それをどうか忘れないでほしいと、そういう気持ちで書きました。

親との関係がうまくいっていない人もいるかもしれませんが、そんな親も自分を産んだときには、命を懸けてくれていたわけです。

家族も、お医者さんも、周りの関係者も、あなたが生まれたときはとっても喜んでくれたはず。さらに言えば、小さいころは近所の大人とすれ違っただけで、笑顔を見せてくれていたと思います。赤ちゃんを見ただけで、かわいいなぁなんて元気をもらって笑顔になったこと、ありませんか。

そうやって、あなたという存在はたくさんの人を笑顔にして、幸せにしたんだから、決して「私なんて」って思わないでほしい。そんな、親としての率直な気持ちをつづったことばです。

あなたが生まれた時、
沢山の人を笑顔に
して幸せにしたんです。
だから「私なんて」って思
わないで。

ネコ坊主かく

専念寺印

さくらネコ

自分を好きになれない」という人は意外にいるのではないでしょうか。私は、〝自己評価〟が下がるのは、目的や目標が明確ではないときや、その目的・目標に対する約束が守られてないときだと思います。

だから、自己評価を上げたい場合、目的・目標を見つけて、その実現に向けた約束を1つずつこなしていきましょう。自分への信頼を積み重ねていくのです。

私の経験として、小さくてもいいので具体的な課題を設けて、1つずつ叶えていくことで自信につながっていきました。〝自分との約束〟を守っていく、私は、それがとても大事だと考えています。

ロールプレイングゲームでクエストを1つずつこなせば、主人公がだんだん強くなれるように、自分で約束ごとを用意し、それを守っていけば成長できるのです。

仏教には「戒律」という言葉があります。「戒」は、自分に対する〝戒め〟で、「律」は絶対に守らなければならない教えです。

〝自分との約束〟とは、「戒」に当たります。できないからといって何か悪いことがあるわけではなく、それを積み重ねていけば絶対に自信はついてくる、というもの。もし「絶対にしなければいけない」となると、プレッシャーですよね。正直、私自身も自分との約束を守るのが得意なほうではありません……（笑）

自分との約束を、
破らないことで自分の
心を成長させる。

ネコ坊主かく

専念寺印

さくらネコ

仕事や人生でうまくいかない時は、どうしてもマイナスの気持ちに囚われてしまうものです。大きな壁を前にして、途方にくれることもあるでしょう。でも、ちょっと考え方を変えてみれば、その壁が違うものに見えてくるかもしれません。

仏教に「一水四見（いっすいしけん）」という言葉があります。人間にとっては「飲む水」ですが、魚には生活の場所であり、天人には歩くことができる水晶の床、餓鬼には飲もうとすると燃え上がる膿の流れとして見えている。立場や見方が変われば、別なものとして現れるということを意味します。

壁だと思っていた難題も、人生全体を俯瞰してみると、未来につながる扉だと思えるのではないでしょうか。壁の向こうには、新たな道が続いています。人生の壁にぶつかったとしても、それは人生の終わりではなく、実際には、その壁にぶつかったことで、大きなチャンスが訪れているのです。

人生の壁を乗り越えることも重要ですが、同じくらい大切なのは、その壁を扉として捉え、開けてみる勇気を持つことです。

挑戦することや新たな可能性に向かって進むことが、あなたに力を与えてくれるでしょう。

人生でぶつかる問題は、
壁だと思わずに扉だと
思えばそこに未来は
広がりますよ。

ネコ坊主かく

専念寺印

さくらネコ

これは家庭において、特に男性に多いケースだと思いますが、相手が側にいてくれることを当たり前に思ってしまい、自分の行動や都合を好き勝手に優先させてしまうことがあります。

人が離れようとするときは〝予兆〟があります。失う側は、相手が離れてしまうときになって「それなら早く言ってよ」と思うかもしれませんが、きっとそうじゃなくて、相手はもっと前から〝シグナル〟を出してくれていたはずです。それに気づかず、自分勝手な振る舞いを続けていると、相手を失うことに繋がる。

だから、失う前にしっかり気づきましょう。何事においても、今あることはどれも当たり前ではないと、感謝を常に持たなければいけません。

失って気づく、それも人生だと思います。ただ、私たちには先人の知恵である〝本〟がある。仏教においては、人間の苦しみや人間の弱さ、失敗のことを書いてあるのが経典です。失って、失敗して気づくことも非常に大事だと思いますが、せっかく先人の教えがあるのだから、それを勉強しない手はありませんよね。

何千年もの間、人間の失敗の根本は変わっていないわけですから、大事なものを失う前に、そこを注意してくれる存在に今一度、耳を傾けてみませんか。

失って気づくなら、
失う前に
気づきなさい。

ネコ坊主かく

専念寺印

さくらネコ

子どもの頃から、人に嫌われると生きづらく、好かれるとトラブルなく生活できるということを学んできました。そのため、人にどう思われるかを気にし、いつしか「人に嫌われない」ことが目標になっている人は、案外多いです。

あなたはどうでしょう。「いい親」「いい友達」「いい妻」「いい部下」……周囲から求められる人物像に自分を当てはめて、演じてはいませんか。

よくある相談のひとつが「PTAの役員を引き受けてしまって後悔している。忙しくてとてもそんな余裕がないのに……」。これも、いい人を演じたがための結果です。

私はそういうときは「考えや迷いを紙に書き出してみましょう」とアドバイスします。自分がPTAを引き受ける意味、断ることで生じる問題、自身の仕事や家庭の状況などを1枚の紙に書き留めていくのです。

そうすると、状況が客観視でき、「断るべき」「引き受けて大丈夫」の判断が自分軸ででき、断る場合にその理由も明確に説明できるはずです。

いい人でいることって、他人からの評価を気にしているわけですから、実は他人軸で行動しているのです。自分が納得しての判断ではないため、モヤモヤが溜まっていくことにもなります。

心が疲れきってしまう前に、自分軸での判断を行い、はっきりと「NO」の意思を伝えましょう。

いい人を演じて心を
壊してはいけない。
嫌なことは嫌でいい。

ネコ坊主かく

専念寺印

さくらネコ

私たちは、過去から学ぶ生き物です。基本的に、「人間はネガティブな生き物だ」と私は思っています。そのネガティブな本能のおかげで、私たちは危機を回避し、何千年もの間、生きてこられたのです。

つまり、悪いことって自然と思い出してしまうわけです。これは、誰しも備わっている本能であって、逆らえない脳の働き。悲しい記憶、嫌な記憶は放っておいても勝手に浮かんでくるのです。

だからこそ、それを意図的にコントロールしていかなきゃいけない。過去を思い出すときに、ネガティブな記憶は自然と出てくるから、そういうときこそポジティブなことを思い出すように努めて意識していく。そうすることで、ある程度はハッピーな気持ちになれるんじゃないかと。

自然とコントロールできる人もいるでしょうが、私の個人的な感覚では、日本人にはかなり少ないんじゃないかなと思います。

嫌なことを思い出しそうになったら、意識的にいいことを思い出す、そしてそれを癖づけていく。そうしないと、勝手に出てくるネガティブな記憶で埋め尽くされてしまいますから。

過去が喜びを
与えてくれる時だけ
思い出して
振り返ってごらん。

ネコ坊主かく

専念寺印

さくらネコ

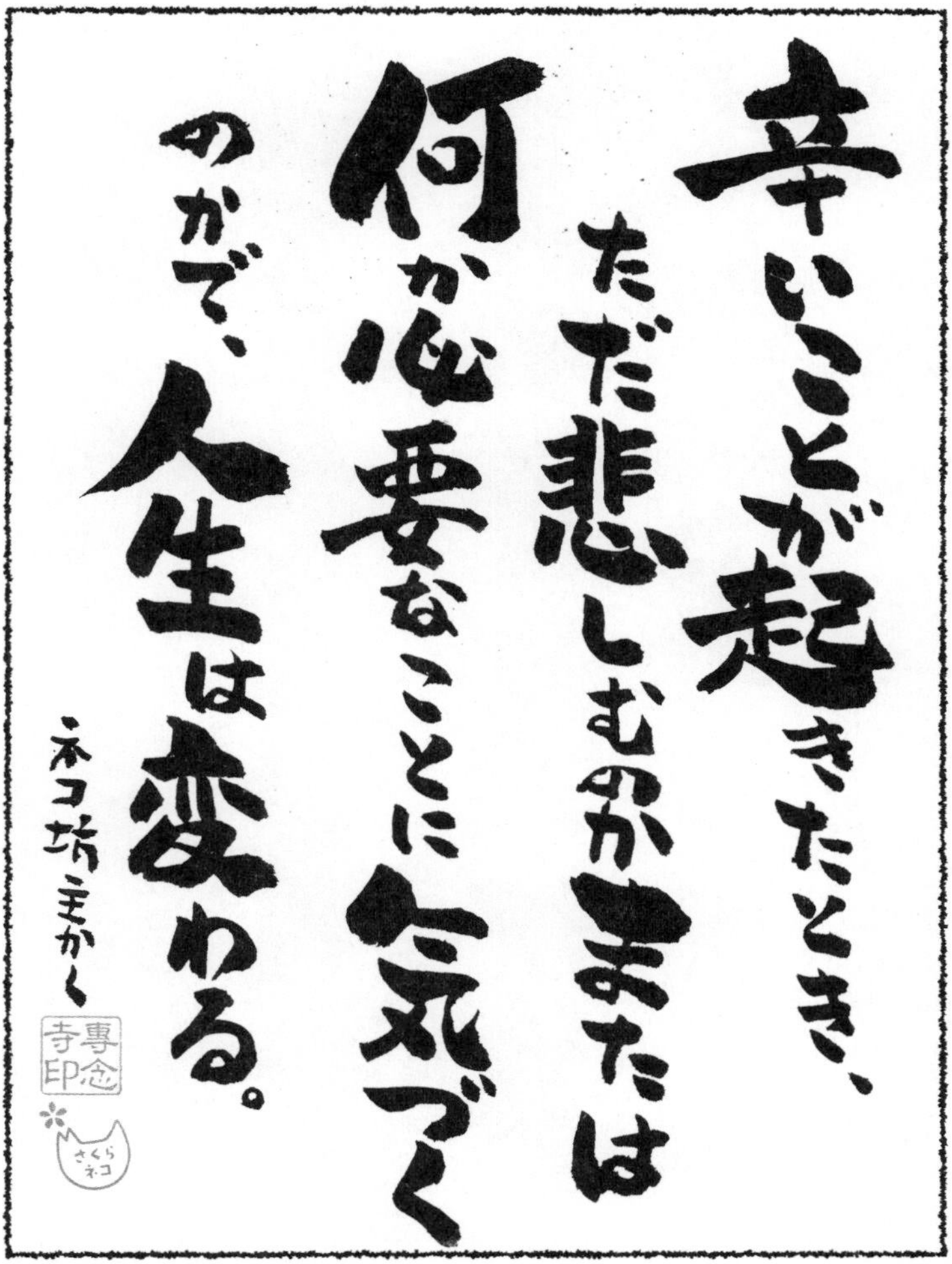

辛いことが起きたとき、
ただ悲しむのかまたは
何か必要なことに気づく
のかで、人生は変わる。
ネコ坊主かく
専念寺印
さくらネコ

失敗やトラブルがなぜ起きたのか、その原因や過程をしっかりとおさらいしましょう。学び、発見があるはずです。

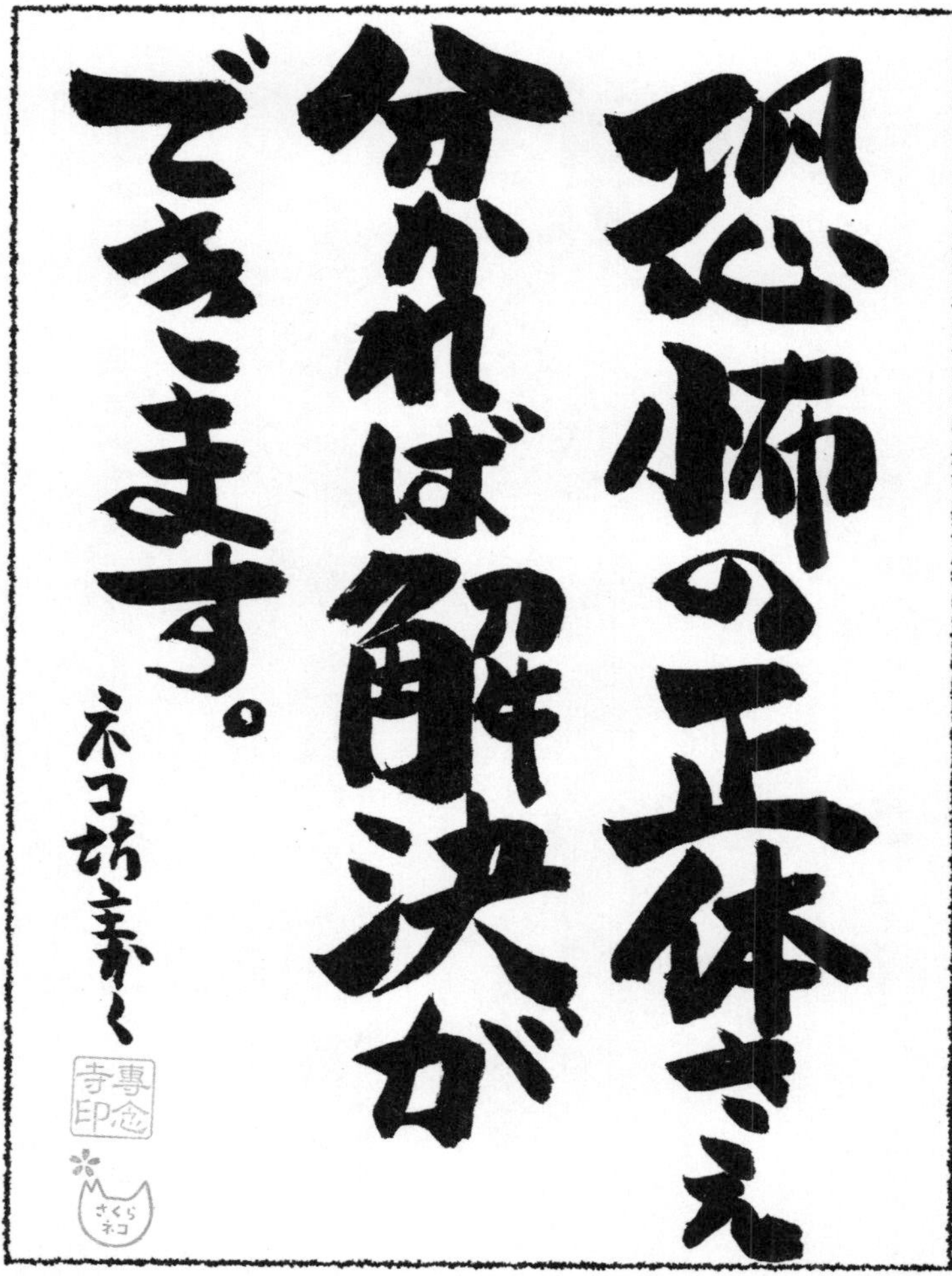
恐怖の正体さえ分かれば解決ができます。
専念寺印
さくらネコ

人間は未知のことに恐れを抱いて遠ざけようとします。逆にいえば、理解することで怖くなくなり、次の一手が打てるのです。

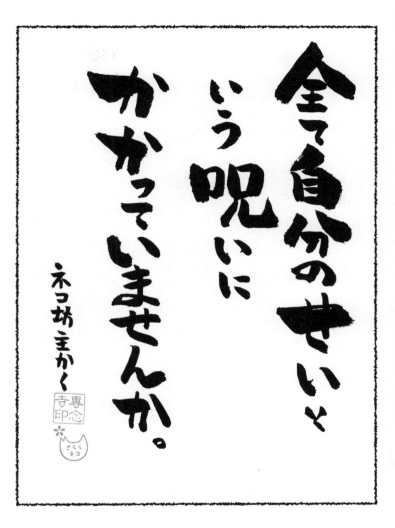

全て自分のせいと
いう呪いに
かかっていませんか。

ネコ坊主かく

専念寺印

さくらネコ

これは問題解決から、ただ逃げている
だけの心の癖。起きている問題を冷静
に直視し、その呪いを取り消しましょう。

人間関係
伝家の宝刀
「まず聞く」

ネコ坊主かく

人の話を遮らず、たとえ異論や誤解があっても、最後まで聞きましょう。相手が本当に伝えたいことは何かを見極めましょう。

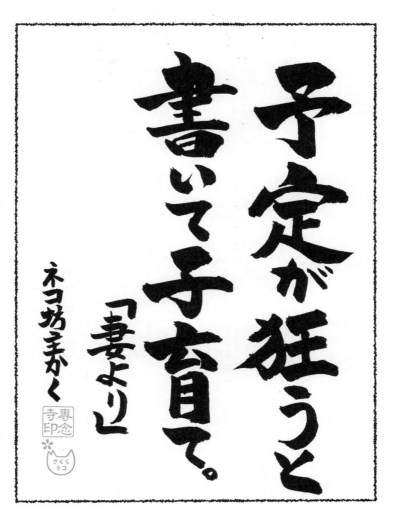

予定が狂うと
書いて子育て。
「妻より」

ネコ坊主かく

専念寺印

さくらネコ

子育ては、すべてが自分の思い通りにはならないということを教えてくれます。これは、介護でも同じことでしょう。

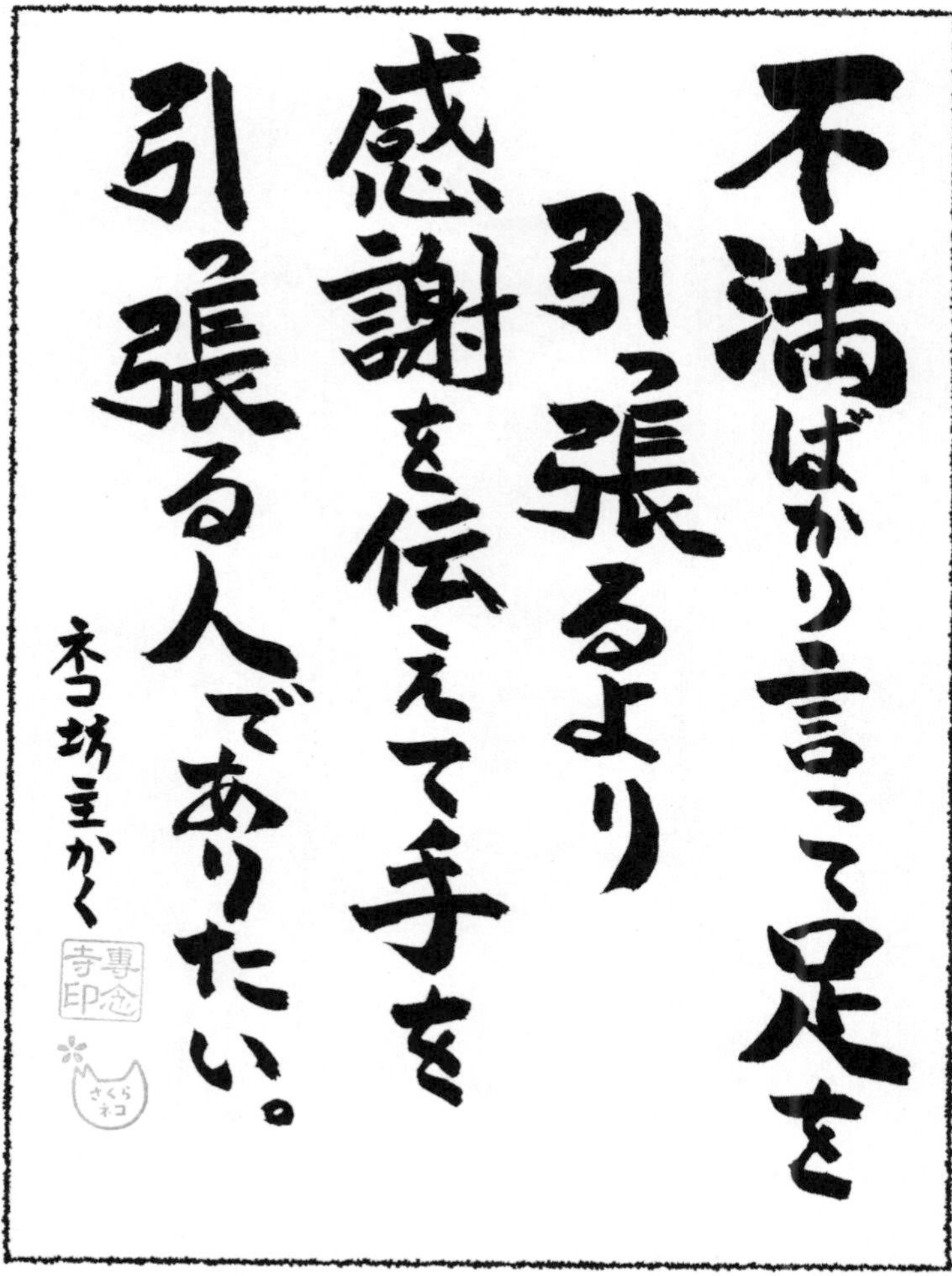
不満ばかり言って足を
引っ張るより
感謝を伝えて手を
引っ張る人でありたい。
ネコ坊主かく
専念寺印
さくらネコ

人はこの2タイプに分かれます。不満を口にすることは誰でもできます。易きに流れず、人を応援する道を選びましょう。

「ごめんね」で済まない
こともあるけれど、
「ごめんね」と言わない
限り、許されることは
絶対にない。

ネコ坊主かく

専念寺印

さくらネコ

謝罪は自分の気持ちやスタンスの表明です。まず相手にそれをわかってもらわないと、話し合いの席にすらつけません。

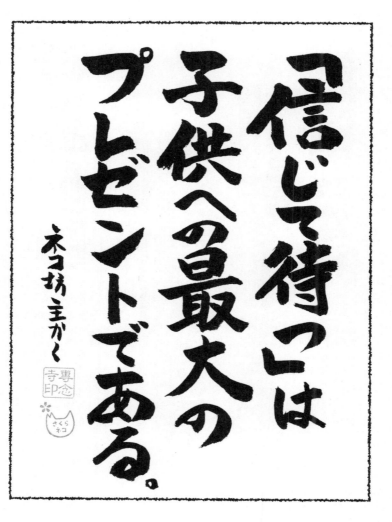

「信じて待つ」は
子供への最大の
プレゼントである。

ネコ坊主かく

専念寺印

大人が教えるよりも、子どもが自分で見つけ、理解した物事のほうが子どもの財産となります。成長を信じて、グッと我慢です。

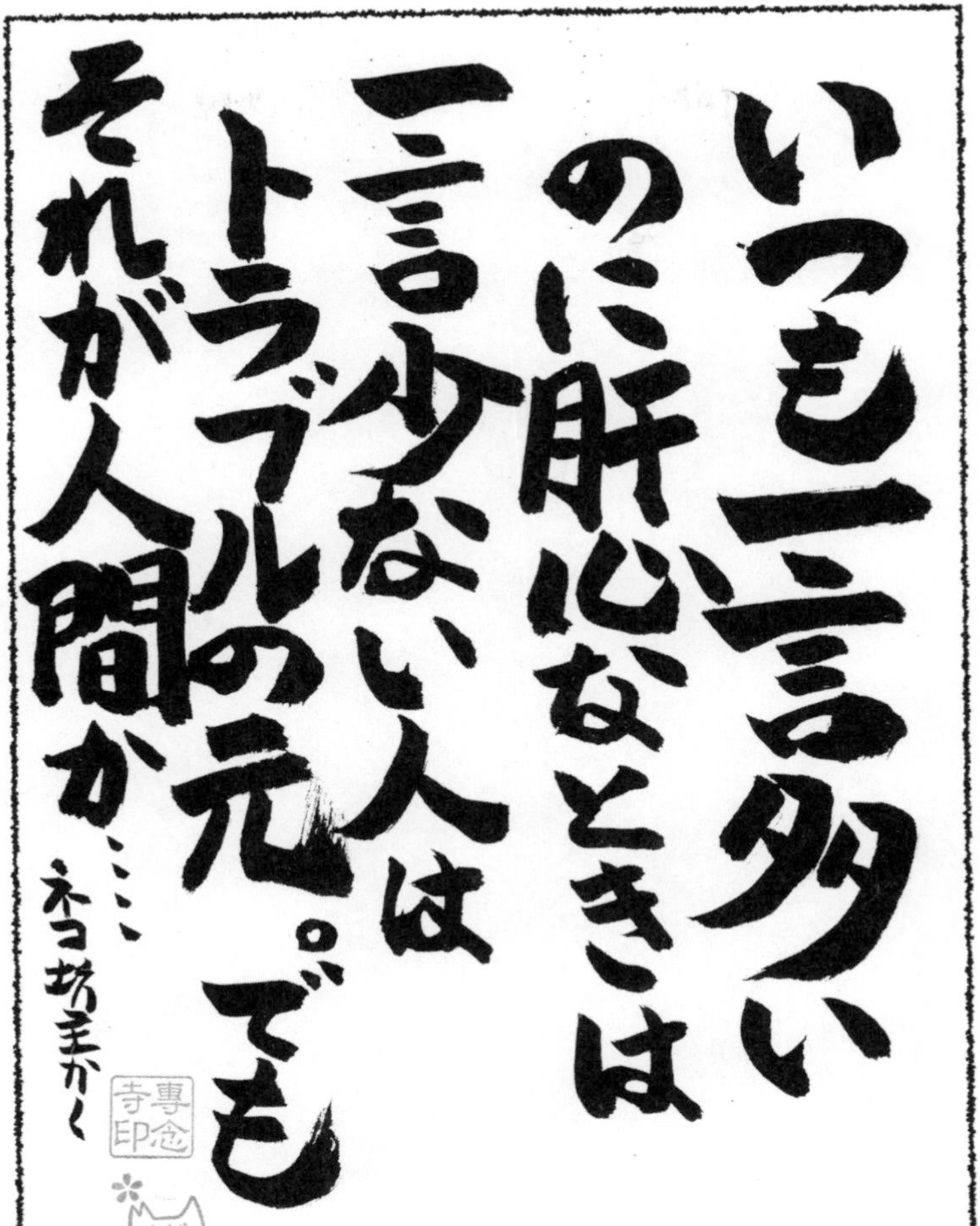

いつも一言多い
のに肝心なときは
一言少ない人は
トラブルの元。でも
それが人間か……
ネコ坊主かく
専念寺印
さくらネコ

普段から要点を絞って話していれば伝え漏れなどは起きにくいはず。とはいえ、過剰も、欠落も人間の魅力のひとつです。

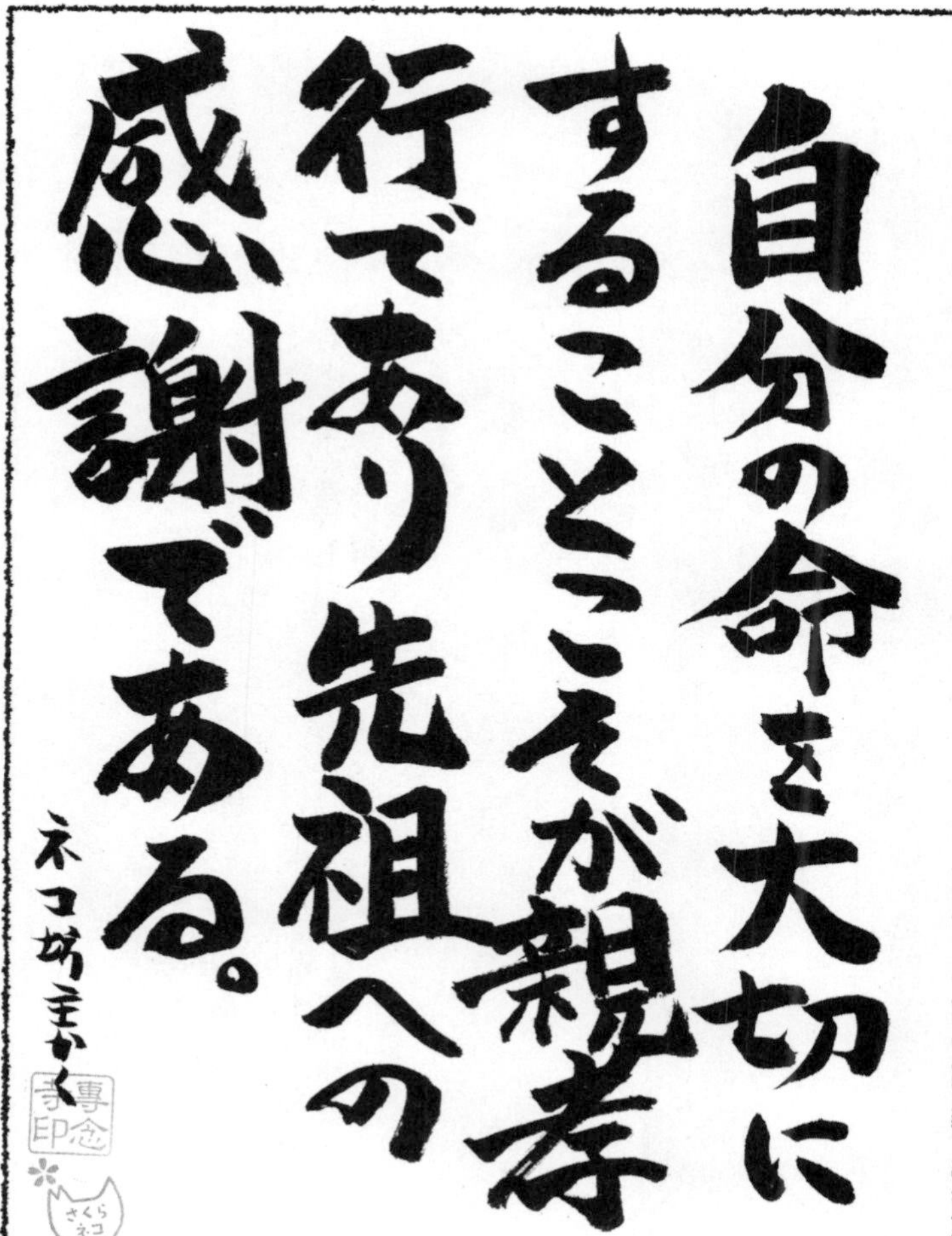
自分の命を大切に
することこそが親孝
行であり先祖への
感謝である。
ネコ坊主かく
専念寺印
さくらネコ

ご先祖は飢餓、戦争、災害など困難の中、
懸命に命のバトンを繋いできました。それ
に報いるには、今の自分を愛すること。

仲良し三箇条
期待しない
期待しない
期待しない
以上。
ネコ坊主かく
専念寺印
さくらネコ

イライラやケンカは、どちらかが期待しすぎているから。「期待は半分。感謝は倍」、そう思って気持ちを落ち着かせて。

日々の生活にマンネリ化
してきたら「目で見るもの」

「聞くもの」「触れるもの」

を変えてみてください。

気分が変化しますよ。

ネコ坊主かく

専念寺印

さくらネコ

マンネリはつまり努力不足。身を置く環境を変えるだけで、新しい刺激と出会えます。その気持ち自体がマンネリを遠ざけます。

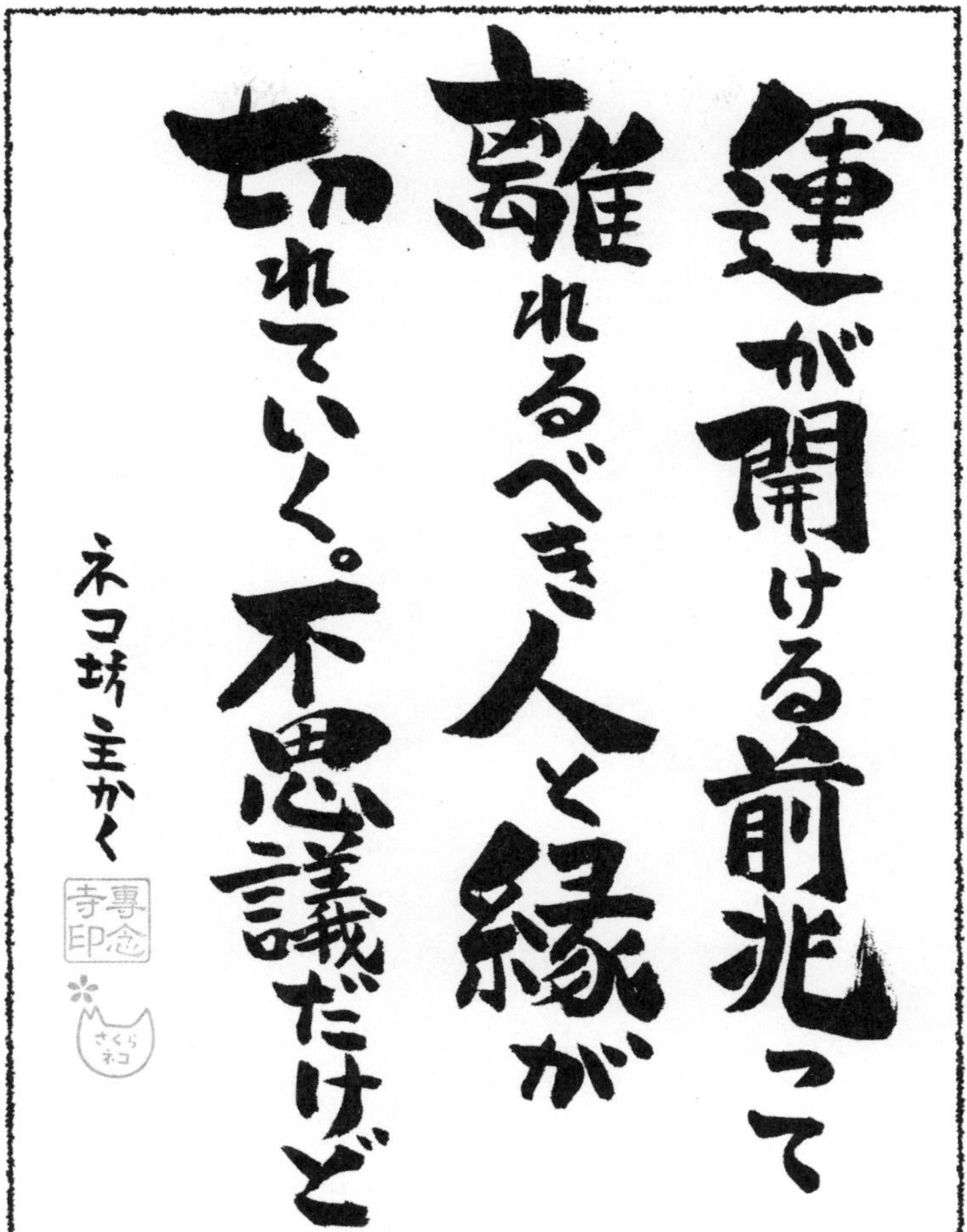
運が開ける前兆って
離れるべき人と縁が
切れていく。不思議だけど。
ネコ坊主かく
専念寺印
さくらネコ

絶不調なときに離れていく人は、信頼できない人。そういうときに寄り添ってくれる人を大切にすれば、やがて運は上向きます。

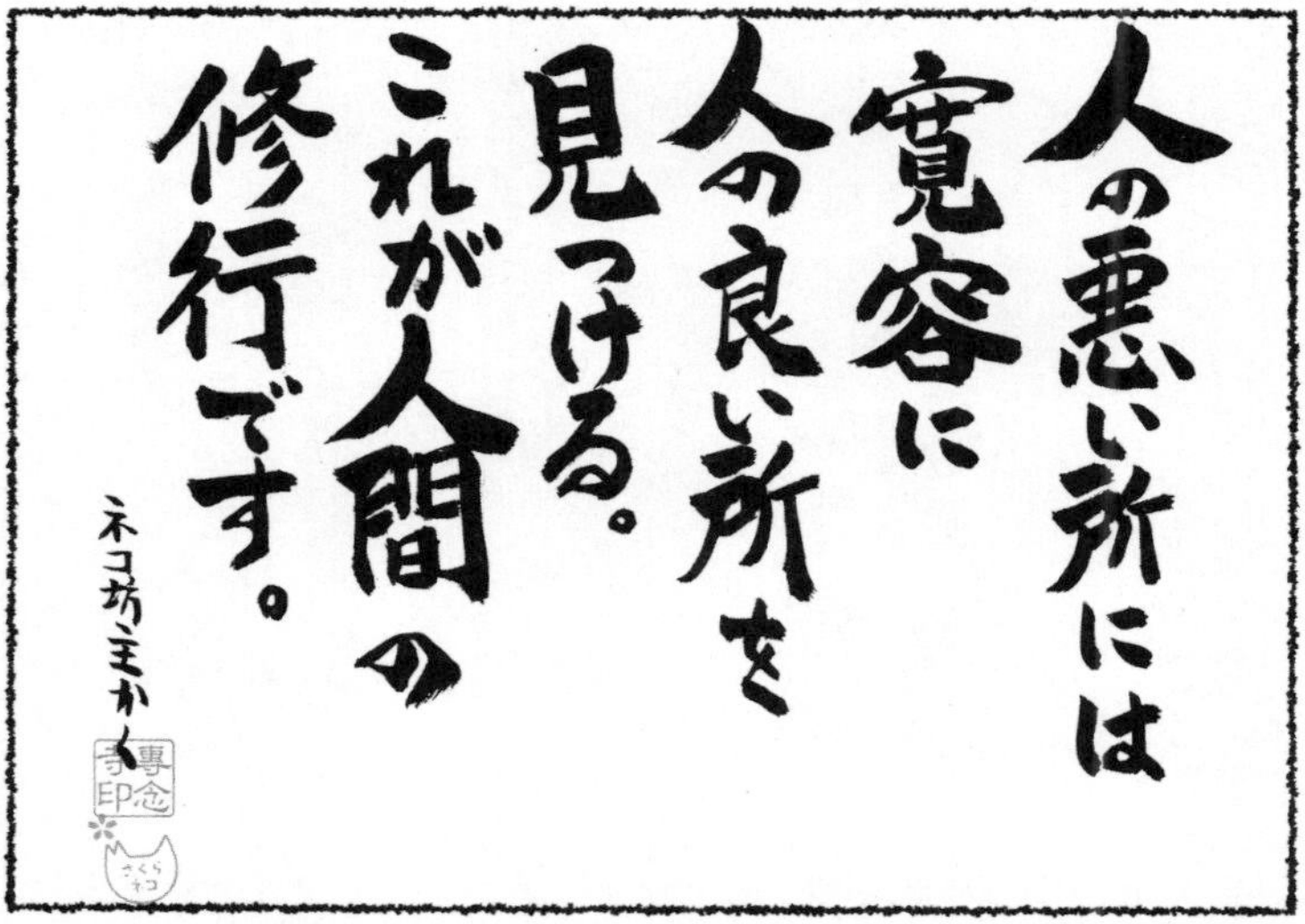
人の悪い所には
寛容に
人の良い所を
見つける。
これが人間の
修行です。
ネコ坊主かく
専念寺印
さくらネコ

あら探しをする、その心こそがあなたの
「あら」。その欠点を克服し、「良い心」
を育てる。人間の一生の修行です。

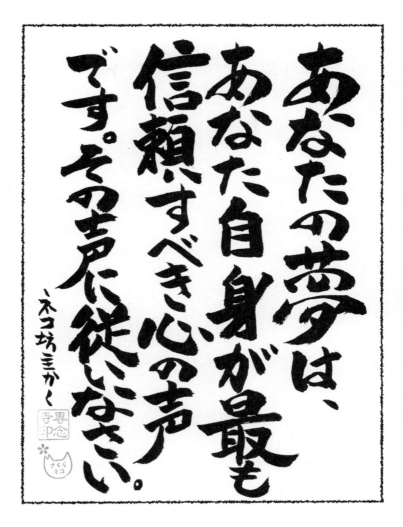

あなたの夢は、
あなた自身が最も
信頼すべき心の声
です。その声に従いなさい。

ーネコ坊主かく

専念寺印

さくらネコ

他人からの意見や助言はありがたいもの
ですが、あなたの人生はあなたのもの。
自分が最終決定しないと後悔が残ります。

Column

女子高生を救った ことばの力、ＳＮＳの力

私の子どもが２歳になったときに、ことばをプレゼントしました。お寺の子として生まれたことで、きっと周りからいろいろ言われると思います。お寺の行事にも参加しなきゃいけないし、ある種のプレッシャーを背負っていくだろうと思いました。いつか暗い気持ちになるときが来るかもしれない。そんなときに思い出してもらえたら……という気持ちから、《あなたが生まれた時、沢山の人を笑顔にして幸せにしたんです。だから「私なんて」って思わないで。》ということばを書にしたためました。

私と妻は不妊治療を経験していて、子どもがなかなか授かりませんでした。医者からも「妊娠して子どもが生まれることは、奇跡に近い」と言われていた状況でした。だから生まれたときには、周りの人間も含めて、とてつもない幸せを感じたんです。子どもには、そのことをぜひ知っておいてほしい。そんな思いも込めて贈り、また自分の記録として投稿

しました。

このことばが多くの人に伝わっていくうちに、私をもともとフォローしてくれていた1人の女の子が、リツイートしてくれました。SNSで、仲が良い人がアクションをしたら通知が来るように設定している人もいますよね。その女の子のアクションに対して通知をオンにしていた友人の女の子が、そんな経緯でこのことばを目にしてくれたのです。

当時は7月で、友人のリツイートという形で私の投稿を知ったその子は、高校に入学してまだ3か月でした。学校に馴染むことができず、精神的にすごく不安定になっていた。そんな学校生活の悩みから、生きるのが辛くなり、思い詰めた彼女は1人で山に向かって行ったそうです。

山の中でも偶然に電波が入ったところで、友人のリツイートがその子の携帯に届き、私の投稿を目にした。そして、ハッと我に返ったそうです。自分の行動が怖くなり、ギリギリのところでお母さんに電話をかけたと聞いています。

お母さんは慌ててお父さんと一緒に車で娘さんを迎えに行き、その帰路で、SNSに掲載していた私の連絡先に電話をかけてきてくださいました。「あなたの投稿のおかげで、娘が踏みとどまったんです。ありがとうございます」と。

まさかそのような形で人を救うことができるとは思ってもいなかったので、驚きました。当時、フォロワーさんが増えて皆さんが反応してくれたおかげで、その女の子に届いたわけです。私のことばが届いていなくても、踏みとどまっていた可能性は十二分にあるとは思いますが、結果的に、1人を救うことができたのはことばが持つ力の強さだし、それを拡散してくれたSNSの力だと思います。

このお話を紹介してもいいかどうか、お母さんにお話ししたところ、「もし同じような人が踏みとどまってくれるのであれば、ぜひ拡散していただいて構いません」と、娘さんご本人からもご快諾いただき、「その投稿もまた多くの人に見ていただけました。そして後日、別の方から「うちの子どもが不登校で悩んでいたのですが、一度見直して、学校を変えることにしました」とご連絡をいただきました。

生きることを諦めかけていた女の子も、自身の経験が誰かを助けたとなれば少し自信もつくだろうし、その経験をバネにして、友達が同じような気持ちで悩んでいるときに寄り添うこともできると思います。SNSは、そうやって人の思いがどんどん繋がっていく場所でもあるのです。

日々生きている中で、「変だな」と思うことってありませんか。
この人ちょっと変だなとか、この状況なんか変だなとか、先が見えているわけでもないのに、このルートをこのまま行ったら変だなとか。

いわゆる〝第六感〟と呼ばれるもので、科学的な根拠はありません。でも、それは過去の自分が集めてきた経験やデータの蓄積からくるもの。ひとことで言えば〝勘〟ですが、その勘は自分の中のデータによる統計学でもあります。

〝第六感〟を否定する人もいますが、動物は結構使っています。動物は危険だと思う場所には行かない。直感は自己に向き合うことによって、研ぎ澄まされていくのです。

直感は自分の身を守るためのもの。もちろん、何でもかんでも防いだらいいわけではないですけどね。

科学的根拠がないことを怪しいと疑う人も、自分の過去の経験からそう疑っているわけです。そういう意味では自分の直感に従っていて、よく考えれば一緒。みなさん、直感によって決断をしながら日々を生きてきたのだから、もう少しそれを信じてもいいんじゃないか、そう思いませんか。

「変だな」って思う
直感、だいたい
当たっています。
大切にしてください。

ネコ坊主かく

専念寺印

さくらネコ

真面目な人は、自分を責めがちです。何か問題が起きると、自分がどうにかできたんじゃないか、自分の責任じゃないかと、気持ちをピンと張り詰めて、緊張感を持って過ごしがちです。

でもね、あまり無理をしすぎると、張り詰めた糸が切れてしまい、結果、心を病むこともあります。

ブッダは「中道（ちゅうどう）」という生き方を良しとしました。必要以上に頑張りすぎずに、かといって楽に走りすぎない生き方です。

「琴の糸」という話をご存知でしょうか。ブッダが弟子に語ったのですが、琴は糸を張りすぎても、緩すぎても、いい音は出ない。ちょうどよく張った時に、いい音を奏でられる。人の生き方もそれと一緒だと。

私は若くして住職になったのですが、最初はやはり意気込みすぎていたのでしょう。年上のある檀家さんにこう言われたことがあります。「何でも自分の責任だと思わなくていいよ、周りを頼りなさい」と。その言葉で心がとても軽くなったことを覚えています。

自分も役割を持って、周りにも役割を持ってもらう。人の責任まで背負い込んではいけません。大事なのは「中道」の生き方です。

他人のせいは他人の
せいでいい。
自分で抱え込むなよ。
心壊れるで。

ネコ坊主かく

専念寺印

さくらネコ

若い世代が「夢がない」と悩んでいることが多いと聞きます。でも、私は「夢がない」状態も大事な時期だと思っています。

もちろん夢があるのなら、それはそれで素晴らしい。目的や目標に向かって頑張ることは、人生においてとても大切です。

では、「夢がない」と言っている人はどんな状態か。どうにかして夢を見つけたいという思いがあるわけです。成長のために「夢を探して」おり、すでに初めの一歩を踏み出している状態です。

そういう人はすでに〝夢の種〟を持っている。あとは、何かの刺激をどこかで受けることでその種は成長していきます。

「夢を探す」という一歩を踏み出している時期は、自分の将来と冷静に向き合うことができています。「あいつはもう目標に向かって突き進んでいるのに、自分には夢がなくて……」などと周りと比べるのではなく、「夢がない」今の自分も大切にしてほしいし、その悩みを持っている時点で、確実に一歩進んでいるということに気づいてほしい。

「夢がない自分」を悲観する必要はまったくありません。むしろ、「あ、自分は一歩進んでいるんだ」と胸を張って、その歩みを止めずにいれば、きっかけが訪れてくれます。

「夢がない」と思う
時期だって実は
それこそ成長の
種なんです。

ネコ坊主かく

日本にはある意味「いい人」が増えていると思うんです。私もそうですけど、やっぱりいい格好がしたいし、人の頼みをなかなか断れなかったりする。「断ったら次の機会がなくなってしまうんじゃないか」など、つい考えてしまって。

でも、できないことはできないと伝えることも、相手に対する優しさじゃないでしょうか。曖昧な対応で答えを待たせると、かえってイライラさせてしまうことになります。

できないことを伝えたときに文句を言ってくるような人は、もう距離を置いたっていい。法華経（ほけきょう）という経典には「一番嫌いな相手が最も良き友になる」という言葉があります。嫌いな相手だとしても、きちんと断ったりすることができる関係こそ、良き友になるという考え方です。

お釈迦さまが生きた時代も、ライバルとなる存在はたくさんいたはず。ですが、お釈迦さまはおそらく線引きが上手かったんだろうと思います。

だからこそ、もともとお釈迦さまを非難していた人も、後に彼の弟子になった。よくないことはよくないと、はっきり言える人。それは優しさだし、相手のためになることです。

悪い影響を与えられたり、自分の心にいい影響がなかったりするなら、むしろ〝孤独〟を勧めているのが仏教の考え方です。はっきり断ることができれば、そこからまたいい縁が回ってくるはずです。

断って崩れるような
関係は所詮長く
続かないよ。やめときな。

ネコ坊主かく
専念寺印
さくらネコ

誰と出会うかで、人生は大きく変わります。多くの出会いの中で、どの人を大切にして、どの人と距離を置くのか。それを私は人生において一番重要なことだと思っています。

身近にいる人からはどうしても影響を受けやすいもの。ですから仏教では、誰とでも仲良くしようとは説いていません。「善友」とのみ付き合うことを勧めています。

その教えに従うと、非常識な人とは付き合う必要はないのです。もちろん「常識」は人によって異なりますから、何をもって「非常識」と評するのかは難しい面はあります。

ただ、個人の価値観の違いからくるものではない非常識な人、例えば自分の利益だけを主張する人や、裏では陰口を叩くような人は、そう呼んで構わないのではないでしょうか。

そういった人に嫌われたからといってあなたが落ち込んだり、気に病んだりすることはありません。また、嫌われないよう、相手に合わせる必要もありません。あなた側に非があるわけではないのですから。

相手は「非」がある非常識人。関係が断てるならば、これ幸いと喜ぶべきなのです。

おめでとうございます。
非常識な人に嫌われたってことはあなたは常識人ってことです。

ネコ坊主かく

専念寺印

さくらネコ

「こんな性格だから誰も幸せにできない」とか「私なんか消えてなくなればいいんだ」などのメッセージをいただくことが、結構あります。でも、それはその人が思い込んでいるだけ。

例えば、その人がコンビニに行ってレジの人に「ありがとう」とひと言だけでも声をかければ、たとえ言い方がぶっきらぼうだったとしても、店員さんの心を救うことだってあるかもしれない。

あなたが存在しているだけで、間違いなくいろんな人をちょっとずつ幸せにしています。だから、そのことに気づいてほしいのです。

そして、誰かを幸せにしたいと思う前に、まず自分が幸せになることを考えてみましょう。幸せとは、今の自分に満足をすること。そうすると身近な人も幸せな気持ちになり、幸せの輪が広がっていきます。

自分が幸せになることは最大の親孝行であり、ご先祖さまへの感謝にも繋がります。私にも子どもがいますが、子どもが「幸せ」と言ってくれること、その言葉が私にとっては何よりのプレゼントです。

若くして亡くなられたご先祖がいらっしゃる方もいると思いますが、その人の人生の上に私たちの命はあります。その「生きたかった人たち」の気持ちも考えて、まずは自分が幸せになりましょう。

知っていましたか。
あなたが幸せに
生きるだけで誰かを
幸せにしていることを。

ネコ坊主かく

専念寺印

さくらネコ

見られているときだけ取り繕う人って、いますよね。人の目があるところでは、ゴミをポイ捨てしないとか、言葉がすごく丁寧になるとか、人に優しくするとか。でも、見られていないと思っているときも、意外と誰かが見ているものです。

人目があるときとないときで自分の振る舞いを変えていると、自分の軸がずれていきます。その結果、トラブルに繋がることもあります。

見られていないところでの、〝徳を積む〟行為が大切です。そんなときこそ、自己をコントロールしていく必要がある。そうして「内なる素敵さ」を育てていくと、やがて外面にも出てきます。内面が美しい人は、纏(まと)っている雰囲気も素敵なものです。

人知れず努力して徳を積むことは人格形成に繋がり、それが〝品〟になります。見てないところでの振る舞いこそが、その人の本来の姿です。

品性がある人には、同じような人が集まってきます。逆もまた然り。自分の周りにいる人たちを見れば、自分がどういう品性の人間かもわかります。

真の品性は誰にも
見られていないときの
行動によって示される。
仏様は見てるよ。

ネコ坊主かく

専念寺印

さくらネコ

「ダーウィンの進化論」をご存知でしょうか。

あなたは、ウサギとライオンではどちらが強いと思いますか？

もちろん、ライオンは戦いになれば強いでしょう。しかし、ライオンはアフリカのサバンナなど、一部の環境にしか生息していません。それに対し、ウサギは多種多様に進化を遂げていて、暑い土地だろうが寒い土地だろうが〝ウサギ〟と名のつく仲間たちは世界中に生息しています。

生物学的に種としてどちらが強いかを考えた場合、間違いなくウサギに軍配が上がるでしょう。環境に適応できる個体が生き残るという繰り返しによって進化は重ねられてきた、というのが「ダーウィンの進化論」です。

人も同じことで、変化に柔軟な人は生き残っていけます。「自分は昔こんなにすごかったんだ」などと、〝自分語り〟をする人がいます。いつまでも変化を嫌って過去にしがみついている人は、時代の流れとともに取り残されていって、孤立してしまいます。その結果、人生に迷うような事態が起こるわけです。昔どれだけすごかった人でも、周りは今の姿を見ていますから。

頑固で意志の強い人は人生でも迷いにくいように見えますが、その時々で柔軟に対応していく姿勢こそが、迷わないために大事なことではないでしょうか。

人生に迷う人ほど
頑固で自分の
変化を嫌う。

ネコ坊主かく

専念寺印

さくらネコ

私は物事を始めるのが遅いほうで、切羽詰まってからやっと手をつけ始めるタイプです。自分で〝やらない理由〟を作ってしまいがちだなと、日々反省をしています。

「今日は別な用事があるから」「子どもの世話をしなくては」など、何かのせいにしています。

でも、自分のやりたいことには時間を作っている。携帯を見るなど、そんなことには時間を割くわけです。

本当にやりたいならば、人は時間を作ります。好きな人や素敵な人に会えるとなったら、どれだけしんどくても会いに行ったりしますよね。

時間は1日24時間と限られていて、これは誰しも平等。〝やる人〟は、その制限の中でどれだけ短期間で成果を出すかに注力します。

対して、〝やらない人〟はダラダラと時間を過ごします。やらないことの理由をずっと考えてしまう。これはダイエットでも仕事でも人間関係でも、何にでも共通していると思います。

仕事ができる人は、動き出しも早い。頭で考えて想像するよりも、まずは身体を動かしてやってみることが大事だと、自分にも言い聞かせています。

やらない人は
言い訳を見つける名人で
やる人は
時間を見つける名人。

ネコ坊主かく

専念寺印

さくらネコ

人は甘えがでると失礼になる。

夫婦生活でも親子関係でも友達同士でも、深い関係であればあるほど、自分の〝素の部分〟が出やすくなります。

それはいいことではありますが、〝親しき仲にも礼儀あり〟ということわざがあるように、ある程度の〝一線〟は必要でしょう。

相手への感謝を忘れ、ラクをして甘えていると、相手の負担が積もり積もって、「ごめんなさい、もうしんどいです」と拒絶されたり、徐々に距離をおかれたりすることは結構あります。

特に恋愛関係で男性が「突然フラれた」と思っているケースは、男性側の気遣いの欠如＝過度の甘えが理由であることが多いように思いませんか。

関係が近しくなりすぎて、相手へのリスペクトを欠いた時点で、「これくらいは許してもらえるだろう」という甘えが生まれがちなのです。

軽口や、暴言なども最初はその甘えから端を発していたりします。それは目上であるとか、部下であるとか、年齢や役職などは関係ありません。

裏を返せば、どんな相手にもリスペクトを持って接し、自分の行動が失礼に当たらないか省みていれば、いい関係を築けるのではないでしょうか。

「無礼講」といっても、本当に無礼が許されるわけじゃありませんよね。

たとえ長い付き合いや、親しい間柄であっても、人間関係では節度を持つことを忘れずにいたいものです。

言葉が足りない
時、微笑みが言葉
を補います。

ネコ坊主かく

ときに表情は言葉以上に物語ってくれます。
照れくささや適切な表現が見つからないとき、肯定と感謝の笑顔を向けましょう。

孤独は今までの人間
関係を見直し新しい
人との繋がりを探す
旅の始まりである。

ネコ坊主かく

専念寺印

さくらネコ

転職や転勤。進学など、慣れない環境に身を置くことは、成長のチャンスでもあります。リスタートを切りましょう。

自分を大切にし思い
やりを充電して、
余ればまずは身近な
人に放電してください。

ネコ坊主かく

専念寺印

さくらネコ

自分に余裕がないと他人に優しくできないもの。人の目を気にすることなく、一番大切な自分を最優先しましょう。

最高の時間管理は、今すぐに始めること。まずはとりあえず五分だけ始めなさい。

ネコ坊主かく

プランを練るのも大切ですが、始めてみたら想定と違うことは起こりがち。始めてから考えるほうが近道のことが多いですよ。

他人のことをとやかく言うの
はやめとけやめとけ。
悩んでもその人、変わらんよ。
なんとかできるのって結局、
本人だけです。

ネコ坊主かく
専念寺印
さくらネコ

期待してその通りにならなければイライラするだけ。選択肢は2つ。そんなもんと割り切って付き合うか、関わらないかです。

人は何かを
辞めたら
何かが
手に入る。

ネコ坊主かく

専念寺印

さくらネコ

仏教の三大煩悩が「欲・怒り・無智」。
欲張らないことは仏教の教えのひとつです。
本当に欲しいものを選択し、満足しましょう。

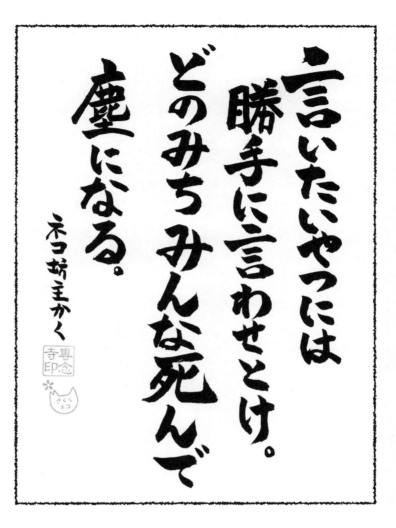

言いたいやつには
勝手に言わせとけ。
どのみちみんな死んで
塵になる。

ネコ坊主かく

専念寺印

さくらネコ

ソリが合わない人も、自分も、みんないつかは死ぬ。それなら、生きている今現在、自分の気持ちに従いませんか。

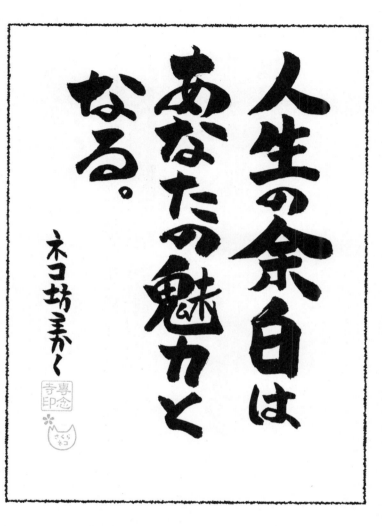

人生の余白は
あなたの魅力と
なる。

ネコ坊主かく

専念寺印

さくらネコ

ダラダラと過ごしたことで、自己嫌悪に陥るかもしれません。でも「ムダな時間」もまた、あなたという個性を育んでいます。

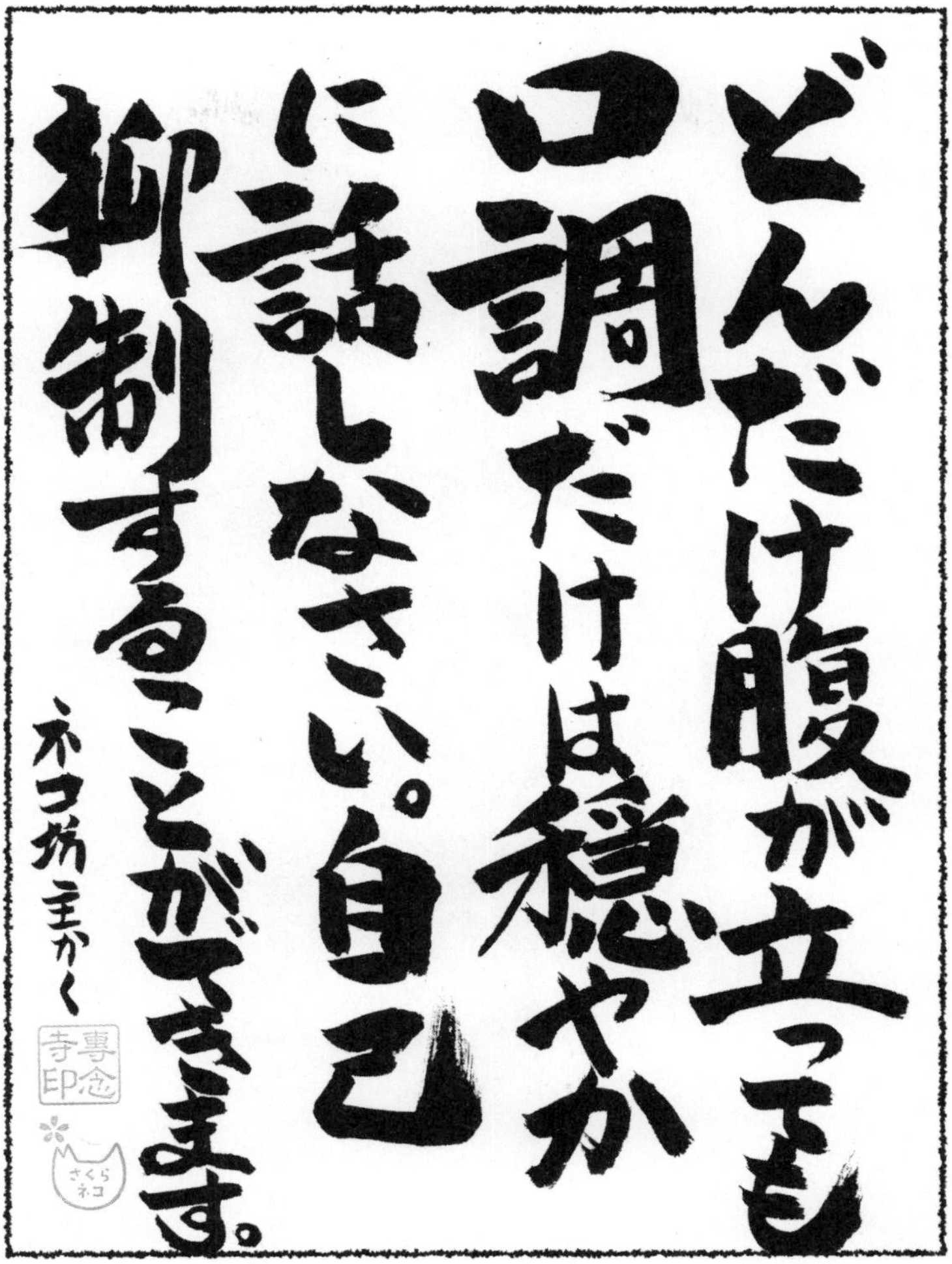

どんだけ腹が立っても
口調だけは穏やか
に話しなさい。自己
抑制することができます。
ネコ坊主かく
専念寺印
さくら
ネコ

不思議なもので、ゆっくり丁寧に話すことで気持ちもスーッと落ち着きます。相手をいたずらに刺激することもありません。

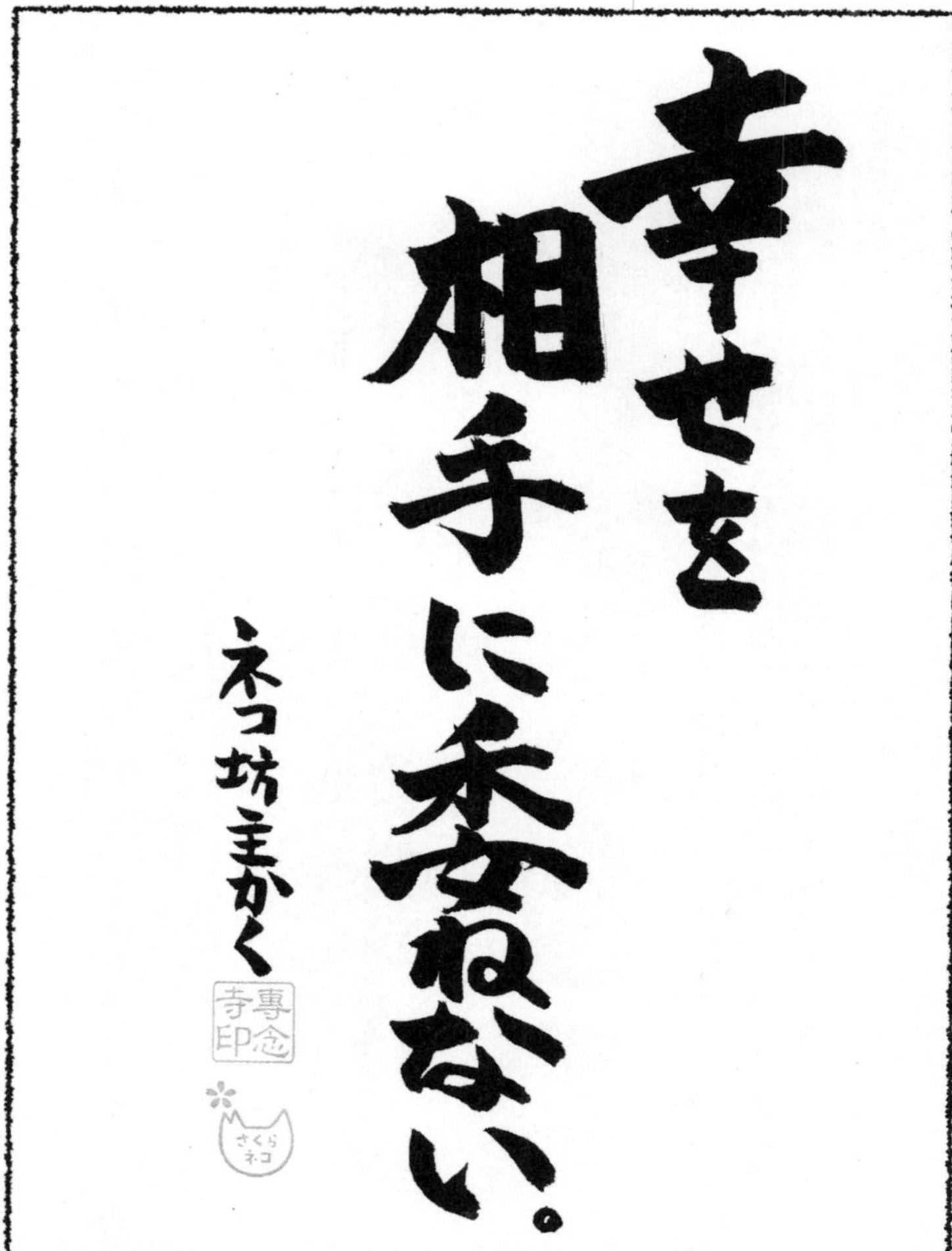

何を幸せと考えるのか、それはあなたの心次第です。会社やパートナーに対して不満を持ったところで、状況は変わりません。

自分を信じて行動
できない人は
他人に振り回されて
生きなければならない。

ネコ坊主かく

専念寺印

さくらネコ

他人の顔色を窺い続けても、愛してもらえる保証はない。自分の軸を持つことができれば、自然と人は寄ってきます。

相手からの誹謗中傷
には無視をする。
なぜなら最高の復讐
は相手にしないことだから。

ネコ坊主かく

専念寺印

さくらネコ

相手をした時点で、向こうの思うツボ。覚悟も責任も伴わない発言ならば、オール無視で結構。心を煩わせることはありません。

イライラする人は
「自分にできることなのに、
なぜ他人はそれをやらない
のか」が理由だそうだ。
そんな理由、知らんがな。

ネコ坊主かく
専念寺印
さくらネコ

自分は自分、相手は相手。自分にできるからと、相手もできると、期待を押しつけないこと。負担を感じるだけです。

会社員をしていると、どうしても我慢が必要な場面はあると思います。でもその我慢がいきすぎてはいけない。あなたの心や健康を蝕（むしば）むものだったら、我慢をする必要はないのです。

冷静になってみましょう。自分の身体はひとつしかありません。対して、会社はこの世に無数にあるわけですから、そのひとつの居場所にしがみつく必要はありますか。ほかの会社という選択肢もあるし、一日休む選択肢だってある。

もし心身の調子を崩した場合は、公的機関に頼る方法だってあります。「働けなくなったら怖い」と言いますが、日本にはある程度のセーフティーネットがあります。

〝働けなくなったら終わり〟じゃなく、〝働けなくなっても方法がある〟と考え、そこから作戦を立てていきましょう。

会社は、利益を追求する存在です。でも、あなた自身は会社の利益のためだけに生きているわけではありませんよね。最終的に自分を守れるのは、自分だけ。そこをしっかり考えてほしいなと思います。

会社と自分なら、自分自身のほうが絶対的に大事に決まっているんですから。

身体はひとつ、
会社は無数。
どちらが大切か、
考えてみましょう。

ネコ坊主かく

専念寺印

さくらネコ

「頑張ってね」の一言でも、何かを頼むときでも、笑顔で伝えるのと不機嫌に伝えるのとでは、相手への伝わり方は全然違うものです。

また、言っている内容がたとえ正論であったとしても、相手がそれを求めていなければ、「この人は何を言っているんだ」と反発が生じるでしょう。自分が正しいと思っても、状況や言い方、表情でその言葉の効果は変わってしまいます。そもそも〝正しさ〟だって、それぞれの価値観があります。

私がＳＮＳで発信することばに対して、「傷つきました」、「ショックを受けました」とコメントされることがあります。私の意図や思いとは違って、そういう捉えられ方をされるのか、と驚くこともあります。

何気なく言うことも、もしかしたら相手にとっては〝毒〟になる可能性があるし、反対に〝薬〟になる場合もある。言葉には、それだけの力があるということです。

仏教には〝愛語〟という言葉があります。これは丁寧で美しい言葉を使うということで、思いやりのある言葉遣いを指します。

大切なのはリスペクトの心。それさえ忘れなければ、助言やメッセージを〝薬〟として受け取ってくれるはずだと信じています。

あなたの言っていることは
正しいよ。
でもね、言い方ひとつで
毒にも薬にもなること
だけは忘れないでね。

ネコ坊主かく

さくらネコ

日

本人は同調性が高く、周囲の目を気にする傾向があるとされます。それがルールやマナーを守るなどのいい面として発揮されることもありますが、マイナス面もあります。学校や職場でのいじめなどがその典型例でしょう。

ブッダは「他に隷属（れいぞく）することは、すべて苦なり。あらゆる主権こそ楽なり」との言葉を遺しています。

他人の意見や判断に従って行動するのではなく、自分の考えによって行動すべきとの意味です。「みんなが言っている」、使いがちなフレーズですが、鵜呑みにすることなく、その真偽をまず自身が確かめなければなりません。

また、ネガティブな情報は拡散しやすいので、少数意見があたかも大多数の意見として扱われることもあります。そんなごく一部の意見に振り回されるのは、無駄なことです。

ブッダは無駄な反応をしないことを勧めています。考え過ぎないことです。考え過ぎると、妄想が生まれがちです。自分は周りにどう思われているのか、過去のあの時は……など、マイナスの想像が広がっていきます。

ありもしないことを想像するのは無駄なこと。気にせず、スルーする技術を身につけましょう。

「みんなが言っていた」は
二人ぐらいじゃないのかな。
気にしなくていいよ。

ネコ坊主かく

専念寺印

さくらネコ

人はどうしても、他人からの評価を求めがちです。褒められたら嬉しいですよね。だからといって、周囲からの評価ばかりを気にしていたら、〝自分〟という存在が何かわからなくなる。そして、相手の要求を呑もうとするばかりの人になってしまう。

もちろん、周りの要求に応えていくことも立派なことです。でも、そこでより大事なのは〝戻れる自分があるかどうか〟。自分の軸を失って、あちこちに振り回されるようになると、実際には〝自分がなく、何もわからず、人に流されてしまう人〟というレッテルを貼られることだってあります。

自分を好きになるとは、自分の軸を持つということ。〝好きでいられる自分〟を軸として持つことが大事です。

まずは、自分を大切にできる環境に身を置きましょう。人間関係は自己の形成に大きく影響します。周囲にいる人たちはあなた自身を映す鏡でもあります。こういう人間になりたい、そうリスペクトできる人との付き合いを大切にしてください。そうすれば自己肯定感は自然と上がっていき、ブレない〝自分の軸〟も作られていきます。

その軸さえしっかりしていれば、他人からの評価もおのずと後からついてくるはずです。

大切なのは他人に好かれることよりも、自分自身を愛し続けることです。

ネコ坊主かく

専念寺印

さくらネコ

耳は二つ 口は一つ 喋る倍だけ

私もそうですが、人はどうしても年齢とともに〝話したがり〟になりがちで、ついつい自分ばかりが喋ってしまいます。まずは、〝人は喋りたい生き物〟なんだと理解しましょう。

そして目安として〝耳〟と〝口〟のことを思い出してください。話しているとき、相手の耳が見えますよね。話す口は1つで、聞く耳は2つ。ですから、倍の分だけ聞くように心がけます。自分の話はセーブして、聞くことに重きをおくことが、人間関係をよりよくする秘訣といってもいいほどです。

よく話す人よりも、よく聞く人のほうが周囲からの好感度も高く、

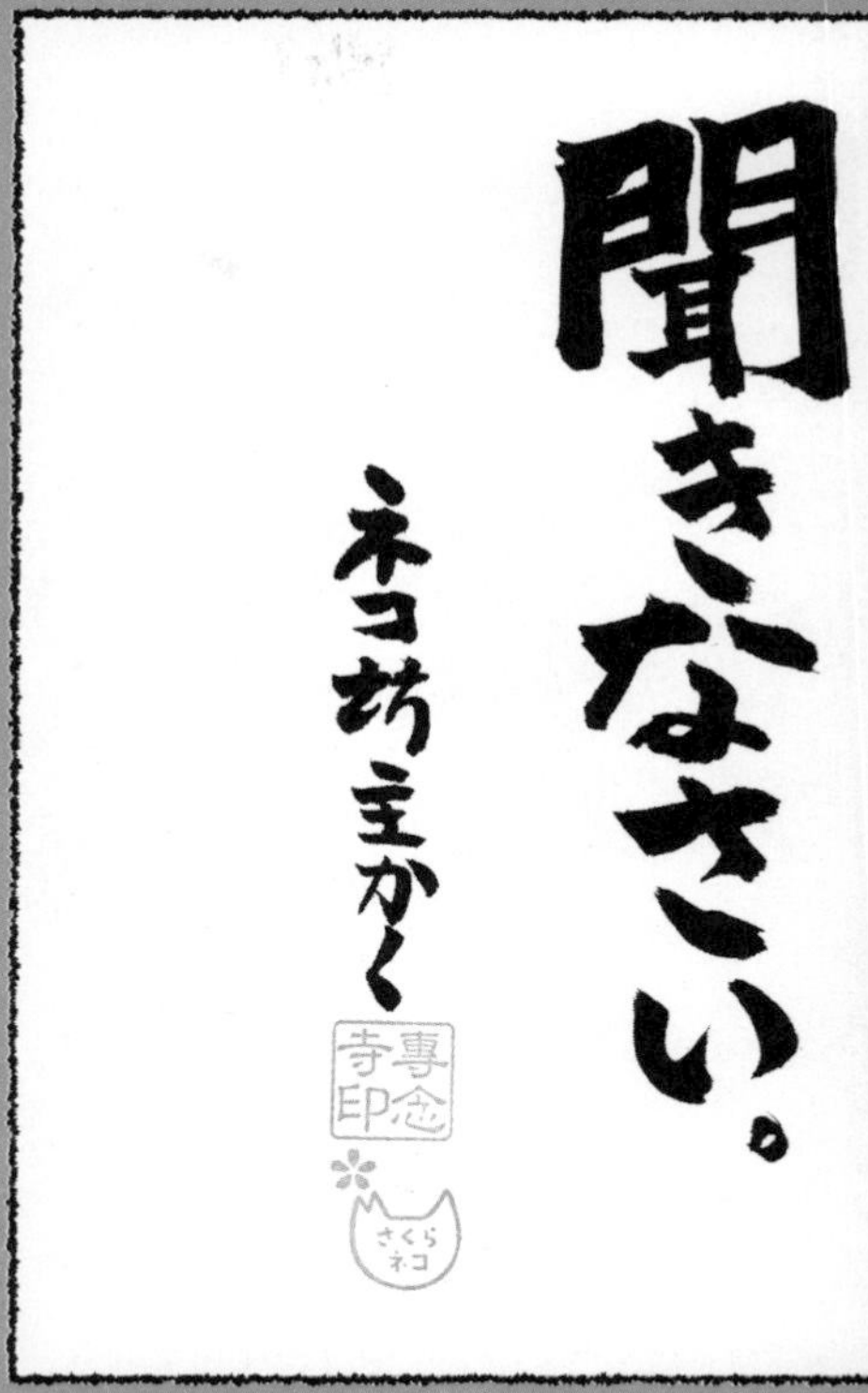

評価されやすいと聞けば、何人か思い当たる人がいるのではないでしょうか。

会話は〝キャッチボール〟です。こっちが投げたら相手が次に投げ返してくるまで、待つ。「無言になるのが怖い」という人もいるでしょうけど、その無言の余韻を楽しみながら、相手が次に返してくるボールを受け止める。

私は僧侶として人の悩みを聞く〝傾聴ボランティア〟という活動もしています。その際、相手が喋るのをずっと待ちます。こちらの問いかけに対し、時間をかけて返答を考える人もいます。そうして時間をかけて考えた言葉が本音だったりします。

より深い人間関係を築こうと思うならば、話す倍だけ、聞くことを意識しましょう。

あなたが思う常識は、これまで生きてきた中で形成されてきたものです。人それぞれ、生きてきた道も、環境も違う。価値観や常識は当然、異なります。

ある女性から「息子の嫁が非常識です！」と相談を受けたことがあります。話を聞くと、息子さんが結婚して奥さんとお子さんと住む家を建てたそう。相談女性はお孫さんの面倒を見るなどをしていたため、何かあったらすぐに駆けつけられるように、家の鍵が欲しいと息子さんに伝えたそうです。

でも息子さんは「妻にも相談したけど、鍵は渡せない。もう落ち着いたからお母さんは来なくていいよ」と。女性はカンカンに怒って相談に来たのです。

私が「今は息子さんの家にはそう頻繁に行かないものですよ。もしお孫さんや息子さんに会いたいなら、自分の家に呼んであげてください」と伝えたところ、女性は「そうなの……私の常識が間違っていたんですね」と納得されました。

あなたの常識が非常識と思われることもある。時代や状況によっても、常識は変わります。それを心に留めておき、自分の考えを押しつけず、お互いの落としどころを探すよう努めましょう。

あなたの中の常識、
人によっては
非常識になります。

ネコ坊主かく

専念寺印

さくらネコ

人は常日頃、選択肢を迫られながら生きています。人生はそんな「ＡかＢか」といった選択の連続で成り立っています。そして、その結果にいるのが今の自分です。

そんな〝今の自分〟に対して「あの道を選んでおけばよかった」などと後悔することはあるでしょう。

でも、おそらく、どちらの道を選んでいても、さほど結果は変わっていないんじゃないでしょうか。選択を変えたところで、それほど変わらずの〝あなた〟では、と私は思います。

自分が選んだ人生に対して悲観的になるのではなく、「よかったな」と考えるほうがいいと思いませんか。

回り道をしたとしても、今の自分は生きている。生物としての本来の目標である〝生き抜くこと〟ができているなら正解でいいでしょう。ということは、今まで選んできたすべてが正解だったということです。

過去を振り返って「あのときこうすれば」と思うことはありますが、たとえ、その道を選んでいても、同じように後悔を抱えているでしょう。

人生で大事なのは１つ１つの選択の中身ではなく、その結果をどう捉えて生きていくかです。正解も幸せも、自分で決めればいいのです。

人生は選択の
連続。
選んだ人生を
正解にする。

ネコ坊主かく

専念寺印

さくらネコ

お釈迦さまが他人に罵られたときに、無視を決め込んだというエピソードがあります。お釈迦さまですら悪口を言われたのだから、私たちも言われて当たり前です。

どんなに正論であっても、あなたが親切ないい人であったとしても、他人から文句を言われたり、悪口を言われたりすることはあります。

私もそうですが、人って何でも受け取ってしまいがち。嫌な言葉でも受け取ってしまい、それに傷ついたり、反論しようとしたりする。でも、そんなの最初から無視すればいいはずなんです。投げっぱなしにさせておいて、そのキャッチボールには参加せず、スルーすればいい。

人に何を言われようが、法律の範囲内であれば自分の好きなことをしていくべきだと思います。私もＳＮＳの投稿を始めたときは、「そんなことするな」と足を引っ張るようなことを言う人がいました。でも、同じ人が、１年後には「ええやん」とか言っていて（笑）。もう忘れているんだなぁと思うわけです。

ある程度、自分を信じて、「どーせ何をしても言われるから、気にしても仕方ない」と、いい意味での〝ずぶとさ〟を持って生きたほうが楽しいと思いませんか。

どの道を選んでも、
結局誰かが
何かを言う。
そんなもん。

ネコ坊主かく

専念寺印

さくら
ネコ

大人になってからも親子仲良く一緒に住んだり、大好きなパートナーに依存したりする関係。それ自体は素敵なことだと思います。ただし、相手を失ったときに、1人では自立できない危険を孕んでいます。また、執着しすぎることで、関係自体がおかしくなることもあります。

もしも寄りかかれる対象が複数あるならば、それは理想的です。そして、一番寄りかかるべきは〝自分〟。自分が1人できちんと立っていられる状態であり、そこにプラスして、誰か寄りかかれる人がいるならもっといいよね、と。

依存は〝執着〟であり、仏教で〝執着〟は過ぎると毒だと考えます。ほかに寄りかかれる存在として、ペットや趣味など〝依存先〟を複数用意しましょう。要は、〝リスクの分散〟です。

依存している状態、恋愛で言うと誰かにのめり込んでいる状態は、それ自体をすぐに変えることは、なかなかできないと思います。だから、エネルギーの矛先を分散させる。そうやって、自分を支える〝脚〟の本数を増やしていきましょう。

そんなふたりがお互いを支え合える関係は、どっしりと強固なものになるはずです。

人間関係は依存し
すぎてはいけない。
お互いに自立しながら
支え合う関係がベスト。

ネコ坊主かく

専念寺印

さくらネコ

私は、嫌なことは成長の種だと思っています。その嫌なことから逃げるのも1つの手ですが、それに対して向き合ってみると、〝なぜ嫌なのか〟〝自分は何がしたくないのか〟が見えてきて、この先の作戦を立てることができます。

その〝向き合い〟を続けることで、自分の引き出しがどんどん増えていきます。ただ嫌だな、つらいなと思うだけじゃなく、〝自己分析〟が大切なのです。

あるとき、相談に来られた女性が「嫌なことばかりで、私なんて……」と話されていました。ですが、嫌なことはマイナスな面ばかりではありません。

その場面でしっかりと向き合って自分についての洞察を深めることで、経験のひとつになって蓄積が増える。生き抜く力が一段階上がる。そう前向きに捉えれば、嫌なことに対しての目線も少し変わるのではないでしょうか。

また、嫌な人に会ったときは、「そうか、こうやって人に接すると嫌われるんだ」と思ってみましょう。反面教師のようなもので、嫌な人もあなたに何かを教えてくれる存在です。

嫌なことがあったら
これでまた自分の
生きる力がレベルアップ
したと思えばいい。

ネコ坊主かく

専念寺印

さくらネコ

就職活動や将来の夢を考えるときに、華やかに見える職業を目指しがちです。

でも実際には、その仕事の9割は「やりたくない作業」だったりします。目につきやすい1割の部分が輝いて見えるから、そこを見て「いいな」と思うのでしょうが、実際にはやりたくない作業もたくさんあるはずです。

そんな「やりたくない」の毎日をきちんと積み重ねる中で「私にはこの仕事だ！」という気づきが訪れるのではないでしょうか。

就職活動をしている方から「やりたい仕事が見つからない」という相談を受けますが、私は「とりあえず何でもいいから始めてみては」と答えます。いい加減に聞こえるかもしれませんが、始める前にクヨクヨと思い悩んでも仕方がないと思いませんか。

きっと、どんな仕事をしてもある程度の不満は生じます。とりあえずやってみて、何が自分に合っているか、合わないのかを知っていくことで、「本当にやりたい仕事」が見つかる、そう考えているからです。

自分が本当にやりたい
ことは、嫌なことを
こなしながら見つける
もんだよ。

ネコ坊主かく

専念寺印

さくらネコ

理屈として正しくても、それを主張したところで、いい結果にはならないものです。言い争って、たとえ勝ったとしても、一時的な優越感を覚えるかもしれませんが、その後の関係にはしこりが残ることになります。いったい何に勝ったというのでしょう。

もちろん仕事の場でとかで、どうしても主張しなくてはいけない場面はあるでしょう。でも、ほとんどの場合は、「うんうん」と頷いているほうが、いい人間関係を築けますし、相手が求めているのも正論ではなく、傾聴です。

自分に置き換えて考えてみてください。あなたが落ち込んでいるとき、悩んでいるとき、悲しんでいるとき、何を求めますか。励ましや、肯定や、共感ではありませんか。

正論は相手にとっては「正しさ」ではないのです。本当に相手のためを思うなら、理屈を言いたくなるのを我慢して、まずは話に耳を傾けましょう。

そしてアドバイスをする際にも、大切なのは内容よりも話し方、伝え方です。ズバッと言い切るような一方的な伝え方では、話された相手は反感を覚えるだけ。自分はこう思うけど、あなたはどう?という提案と共感の気持ちを忘れないようにしたいものです。

正論はわかるけど
今それ言う必要あるか？
グッと黙ることも
大切やで。

ネコ坊主かく

専念寺印

さくらネコ

「和を以て貴しとなす」、仏教を重んじていた聖徳太子が定めた十七条憲法の第一条にある言葉です。和を大事にして、諍いを起こさないこと、話し合いをすることが、その意とされています。

この言葉を憲法の冒頭に置いたということは、それだけ「和」が重要であると考えていた現れではないでしょうか。

たとえ、相手が失礼な態度であったとしても、それと同じような態度をとっては、争いに発展しかねないですし、あなた自身も相手と同じ無礼な人になってしまいます。どんな相手であれ、「和」を重んじて接することで、トラブルは避けられます。

ですが、そんな人との付き合いを無理して続ける必要はありません。

「薫習（くんじゅう）」という言葉が仏教にあります。「薫」とはお香が薫ること。香の中に身を置いていると、自分の衣服にもその香りが染み込むように、周囲の影響を良くも悪くも受けることを意味しています。

無礼な人との付き合いを続けていると、その影響を受け、気付かぬうちに同じような人間になるかもしれません。ならば関わらず、その人から逃げたほうが賢明です。逃げること、諦めることは決して悪いことではないのです。

無礼な人には無礼で
返してはいけません。
礼儀正しく、ただちに
その場を離れることが
大切です。

ネコ坊主かく

専念寺印

さくらネコ

荷

物で両手が塞がっているときに、さらに持つことはできませんよね。何かを手放さなければ、手は空きません。

必要なものが手に入らないと思っているときは、実はいろいろなものを抱えすぎてぐちゃぐちゃになっているのではないでしょうか。何が大事で、何が不必要なのかが、わからなくなってしまっている状態ではありませんか。

家の整理でも、同じこと。新しい家具やインテリアが欲しくても、家が散らかった状態では入りません。不必要なものをしっかり整理したら、大事なものは手に入るはず。あるいは、整理してみたら実はすでに持っていた、なんてこともあるかもしれませんよ。

欲しかったペンは数年前にすでに買っていたものだったり、部屋が手狭で引っ越そうと片付けてみたら、今のその場所こそが望んでいた快適な部屋だったり。

仏教には「明珠在掌」（みょうじゅ たなごころにあり）という言葉があります。これは、「大切なものや、正しく物事を見る眼は、すでにあなたの手の中にある」という意味です。

何かを欲しがってばかりになってしまっているときこそ、自分の手元にあるものを一度、見つめ直してみてはいかがでしょうか。

必要なものを見極め
られないのは、
本当に必要でないものに
気をとられているから。

ネコ坊主かく

専念寺印

さくらネコ

大切な人の死に向き合うとき、自分を偽らず、他人に合わせようとしてはいけない。

ネコ坊主かく

専念寺印

さくらネコ

気づかないうちに、無理していませんか。
悲しむべきときにしっかり悲しまないと、
その気持ちから抜け出せなくなります。

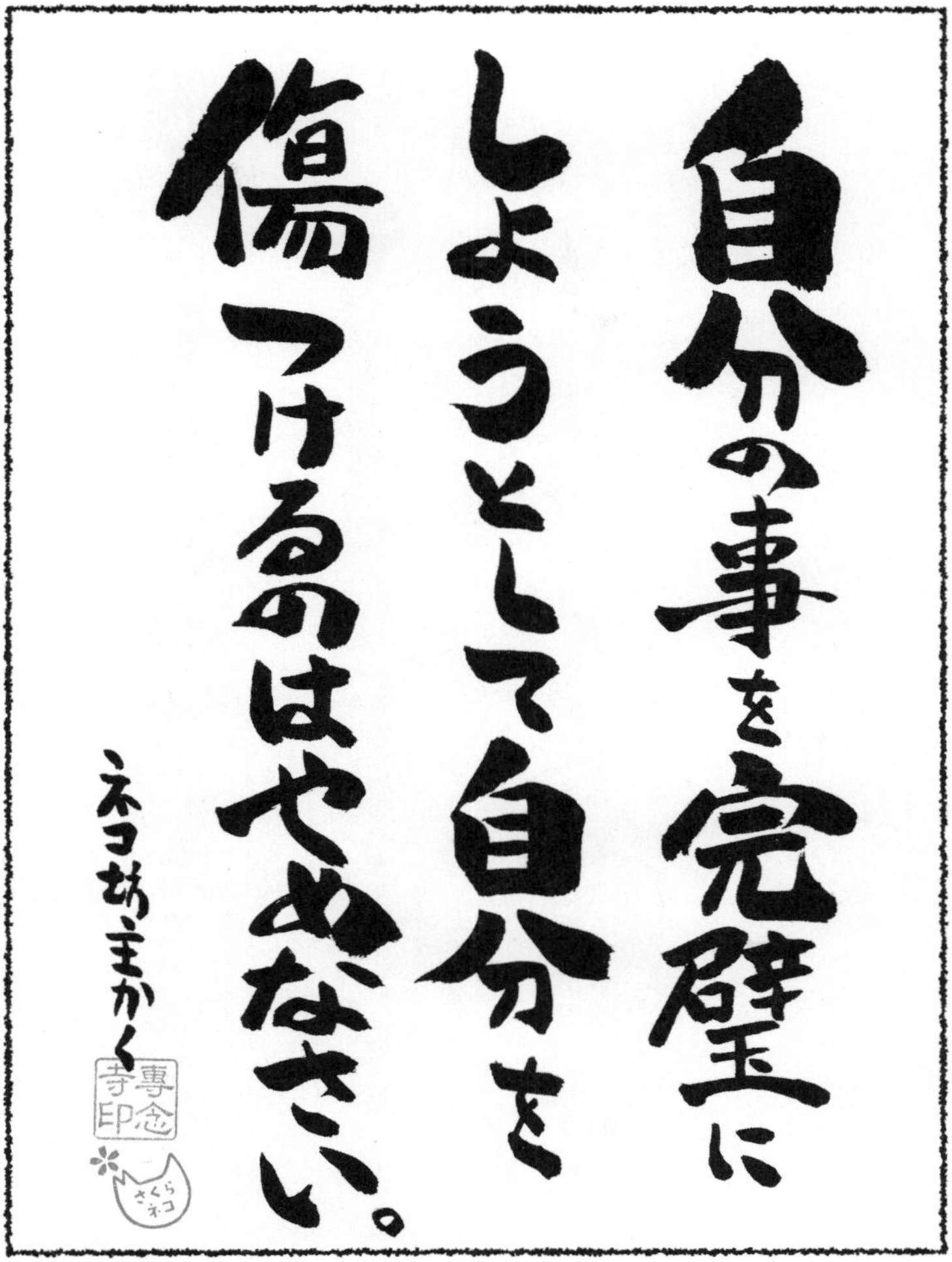
自分の事を完璧に
しようとして自分を
傷つけるのはやめなさい。
ネコ坊主かく
専念寺印
さくら
ネコ

この世に完璧な人はいません。見せ方が
上手なだけ。できない自分も愛してください。
この世にあなたという人はひとり限りです。

失った信頼を取り戻すには長い時間と誠実な行動を積み重ねること。

ネコ坊主かく

専念寺印

さくらネコ

それだけ相手の失望が深かったわけです。
信頼を取り戻せるチャンスがあることに感謝し、同じ過ちを繰り返さないことです。

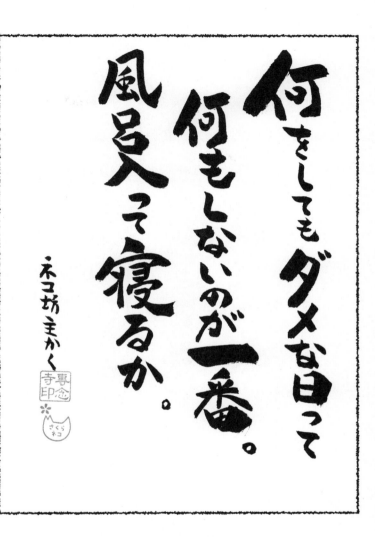

何をしてもダメな日って
何もしないのが一番。
風呂入って寝るか。

ネコ坊主かく

専念寺印

さくら
ネコ

「何にもしない日、自分を癒す日」なんだと考え方を切り替えましょう。また翌日からリスタートすればいいんです。

ねぇ。
怒る以外の
方法で伝える
ことはできませんか。

ネコ坊主かく

専念寺印

さくらネコ

頭に血が上った状態では話し合いはムリ。
自分の感情や望みを整理し、相手を責めずに伝えることが大切です。

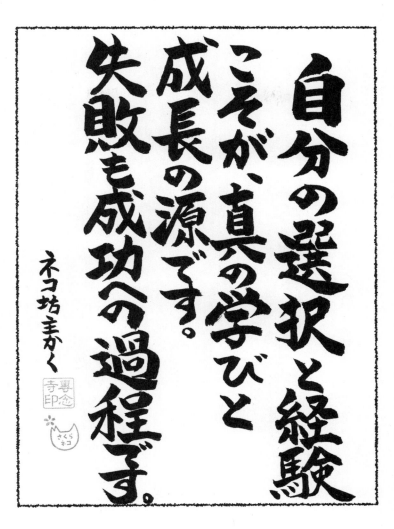

自分の選択と経験
こそが、真の学びと
成長の源です。
失敗を成功への過程です。

ネコ坊主かく

専念寺印

さくらネコ

結果はどうあれ、そこに至る過程での
経験があなたの血となり、肉となります。
大切なのはその過程で何を得るかです。

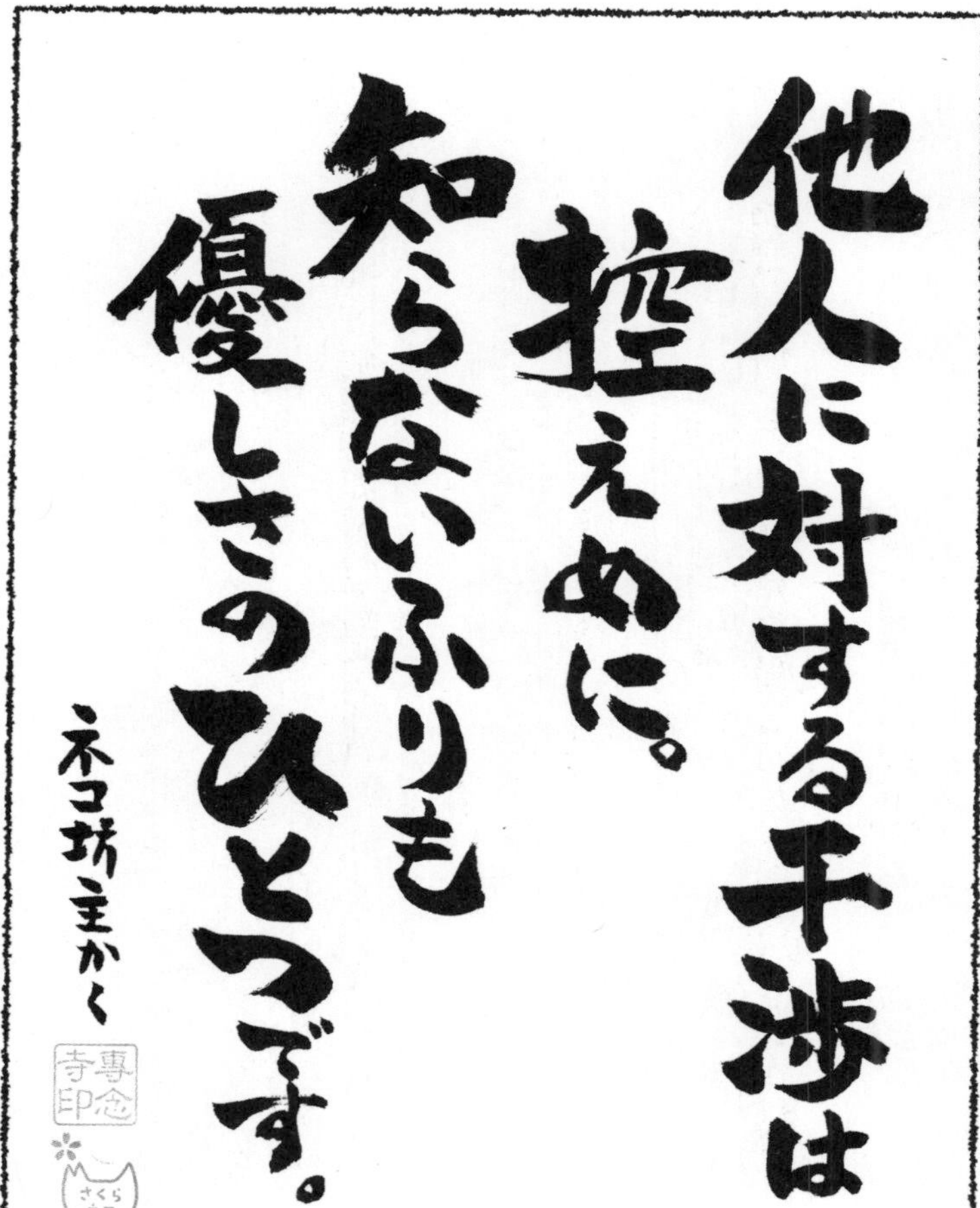
他人に対する干渉は
控えめに。
知らないふりも
優しさのひとつです。
ネコ坊主かく
専念寺印
さくらネコ

「助けてあげたい」、その心は美しいものですが、相手にとってはどうか？　放っておいてほしいかもしれませんよ。

お礼や感謝を言う
のは早い方がいい。
怒りや恨みを言うのは
先延ばしの方がいい。

ネコ坊主かく

専念寺印

さくらネコ

感謝は瞬発力、怒りは鈍感力を発揮。特に後者。時間をおくことで冷静になれます。感情的になっては良い結果を生みません。

「注意されないから
大丈夫」と思ってしまう
人は要注意。相手は
言わないだけ。何も言わず
に離れていきます。

ネコ坊主かく

専念寺印

さくらネコ

あなたが自分で気がつき、改めるのを待っているのかも。失望されて、距離を保たれてしまわないよう、自省を忘れずに。

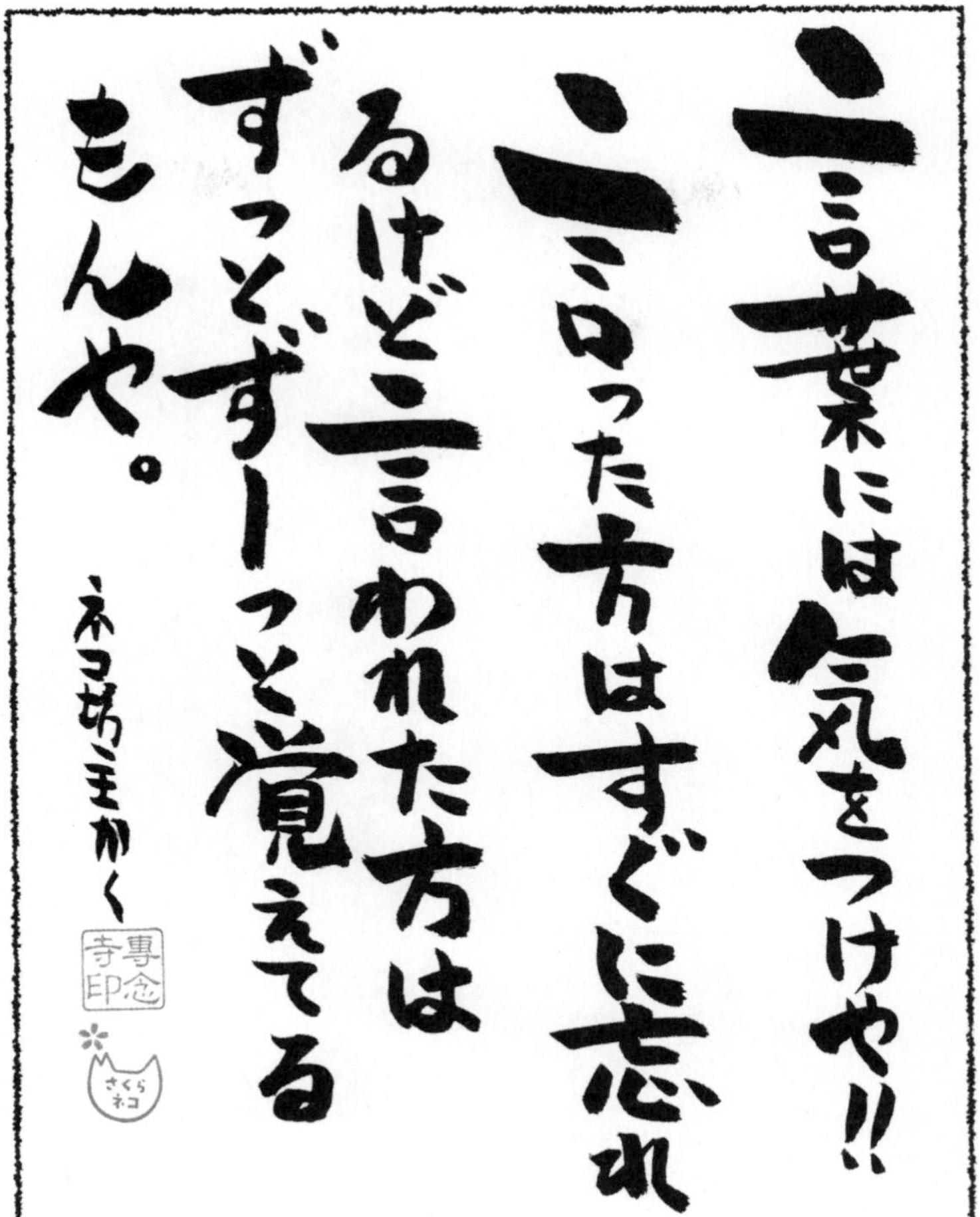
言葉には気をつけや!!
言った方はすぐに忘れ
るけど言われた方は
ずっとずーっと覚えてる
もんや。
ネコ坊主かく
専念寺印
さくらネコ

何気なく口にした言葉が相手を深く傷つけてしまう。あなたにも、誰かに言われた忘れられない言葉、ありませんか。

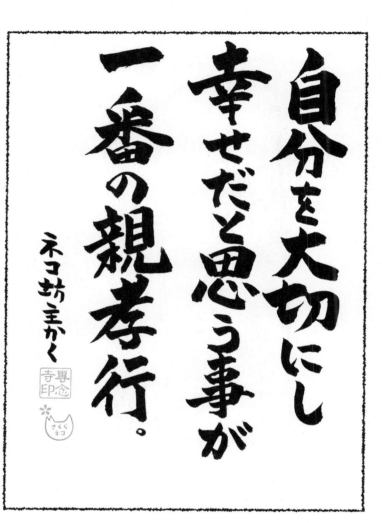

自分を大切にし
幸せだと思う事が
一番の親孝行。

ネコ坊主かく

専念寺印

さくらネコ

親がすでに亡くなっていたり、遠くに暮らしていたり。どんな状況でも親孝行はできる。あなたの幸福が親の最大の願い。

忘れないで下さい。
人生において基本、
自分に決定権が
あるんです。

ネコ坊主かく

専念寺印

さくらネコ

誰かの助言を聞くことも大切ですが、自分の
人生において最終的に決定するのはあなた。
自分軸で生きていくことを肝に銘じてください。

自分が嫌いな人には嫌われ
たほうが手間が省けます。
だって向こうから距離を
とってくれるんですよ。
ラッキ!!

ネコ坊主かく

専念寺印

さくら
ネコ

距離を保った関係であれば、案外うまくいくことってあります。仲良くするだけが人間関係のゴールじゃありません。

この本に掲載したことばはX(旧Twitter)や、インスタグラムに投稿したものに、書き下ろしも加えました。専念寺の掲示板に書き始めて17年、仏教の経典や教え、寺に訪れた方からの相談など、多くの経験からインスピレーションを得て、書きためてきたことばです。お読みになった皆さんの生きる一助になれば、嬉しく思います。

STAFF
デザイン／川崎洋子
取材／近藤俊峰
イラスト／谷山彩子
校閲／滄流社
編集／栃丸秀俊

大阪 専念寺　ネコ坊主の掲示板
人の悩みのほとんどは「人」
今日のことば101

著者　藪本正啓
編集人　栃丸秀俊
発行人　倉次辰男
発行所　株式会社主婦と生活社
〒104-8357 東京都中央区京橋3-5-7
TEL　03-5579-9611（編集部）
TEL　03-3563-5121（販売部）
TEL　03-3563-5125（生産部）
https://www.shufu.co.jp
製版所　東京カラーフォト・プロセス株式会社
印刷所　大日本印刷株式会社
製本所　株式会社若林製本工場
ISBN978-4-391-16141-0